中國學術思想
研究輯刊

四十編

林慶彰 主編

第 **15** 冊

盤山棲雲真人王志謹心性思想研究

常洪亮 著

花木蘭文化事業有限公司

國家圖書館出版品預行編目資料

盤山棲雲真人王志謹心性思想研究／常洪亮 著 -- 初版 -- 新
北市：花木蘭文化事業有限公司，2024〔民113〕
序2+ 目2+154 面；19×26 公分
（中國學術思想研究輯刊 四十編；第15冊）
ISBN 978-626-344-779-0（精裝）
1.CST：（元）王志謹 2.CST：學術思想 3.CST：道教宗派
4.CST：道教修鍊
030.8   113009317

ISBN-978-626-344-779-0

中國學術思想研究輯刊
四十編 第十五冊   ISBN：978-626-344-779-0

盤山棲雲真人王志謹心性思想研究

作　者　常洪亮
主　編　林慶彰
總 編 輯　杜潔祥
副總編輯　楊嘉樂
編輯主任　許郁翎
編　輯　潘玟靜、蔡正宣　美術編輯　陳逸婷
出　版　花木蘭文化事業有限公司
發 行 人　高小娟
聯絡地址　235 新北市中和區中安街七二號十三樓
　　　　　電話：02-2923-1455 ／傳真：02-2923-1452
網　址　http://www.huamulan.tw 信箱 service@huamulans.com
印　刷　普羅文化出版廣告事業
封面設計　劉開工作室
初　版　2024 年 9 月
定　價　四十編 15 冊（精裝）新台幣 40,000 元　　版權所有‧請勿翻印

盤山棲雲真人王志謹心性思想研究

常洪亮 著

作者簡介

常洪亮，男，1982 年生，江蘇沛縣人，生於新疆博樂，哲學博士。先後畢業於南開大學、天津大學、中央民族大學，博士期間從事道家、道教思想與文化研究，現為天津城建大學教師。長期從事高校行政及地方行政管理工作，獲得省部級獎勵 3 次，發表管理類論文 3 篇。入職高校教師後發表學術論文 10 餘篇，出版學術專著 2 部，參加省部級科研項目 2 項，獲得省部級教學一等獎 2 次，獲得省部級社會科學研究三等獎 1 次，主持局級教改課題 1 項。

提　要

王志謹（1177～1263），號「惠慈利物至德真人」，全真道第三代弟子，因其心性思想在盤山派乃至全真道的歷史上佔有極高的歷史地位。王志謹門下弟子根據其傳道言論編成《盤山棲雲王真人語錄》，為後世研究其思想提供了寶貴資料。

王重陽創立於金代中期的全真教在中國傳統文化史上獨樹一幟，作為全真教第三代弟子，王志謹在全真教乃至道教史上都具有非常重要的地位，他不僅實際創立了全真盤山派，而且使肇始於郝大通的盤山心性學得到進一步發展，使盤山心性學最終在其弟子姬志真時代達到全盛，不僅在道教心性思想中獨樹一幟，甚至成為當時的心性顯學。然而，相比於對王重陽、馬鈺、丘處機、尹志平、姬志真、李道純等全真教人物的研究，學界對王志謹心性學的研究相對較少。

本書在廣泛吸取前賢智慧的基礎上運用重玄思想，通過橫縱比較的方式，不僅將王志謹心性思想與儒家、禪宗心性學進行對比，甚至將其與老莊哲學和全真教內馬鈺、丘處機等人的心性思想進行對比，打破了時空和學派的限制，凸顯了王志謹心性思想高邈幽遠、思辨向上的特點。並通過歷史唯物主義視角，分析了王志謹思想不同於王重陽、馬鈺、丘處機等教內前輩的原因，使讀者不僅能「知其然」而且能「知其所以然」。

序

心性學是中國傳統哲學的重要主題之一,也是為中國人提供安心立命之本的學問。中國傳統的儒釋道三家都有自己獨特的心性理論,無論成聖、成佛抑或「得道成仙」,都是傳統文化背景下中國人經過慎重思索而不斷追尋的人生目標,它賦予人生最終的價值和意義,使我們最終「沒有白來世間活一場」。這些境界,不取決於一個人所得到的名利或地位,而主要受制於人內在精神所達到的境界。這一境界或許是儒家「立功立德立言」的三不朽;或許是佛家禪宗「看山是山看水是水」的剎那釋然;亦或是道家「見素抱樸」的與道同一。想要達到這樣的某一境界,又必須經過長期的精神修煉,也就是心性修養。這種修養或許是儒家的格物致知、知行合一;或是佛家禪宗的頓悟涅槃;抑或者是道家的「心齋坐忘」。

正如西哲蘇格拉底所說「未經思考的人生不值得一過」,中國人對人生價值意義的追尋,對心性學的思索自古及今,從未中斷。

王志謹(1177～1263),號「惠慈利物至德真人」,全真道第三代弟子,因其圓融杳渺、獨具特色的心性思想而道名煊赫,在盤山派乃至全真道的歷史上佔有極高的歷史地位。王志謹門下弟子根據其傳道言論編成《盤山棲雲王真人語錄》,為後世研究其思想提供了寶貴資料。

王重陽創立於金代中期的全真教在中國傳統文化史上獨樹一幟,它不僅改變了傳統道教追求肉身不死的傳統,使道教轉向對人精神境界的修煉。而且在鍾呂內丹道和重玄學的基礎上構建起了以儒釋道三教合一為宗,以性命雙修、功業並重為修煉法門的全真心性學,實現了對老子「身國同治」主張的回

歸,大大提升了道家心性思想的理論層次。作為全真教第三代弟子,王志謹在全真教乃至道教史上都具有非常重要的地位,他不僅實際創立了全真盤山派,而且使肇始於郝大通的盤山心性學得到進一步發展,使盤山心性學最終在其弟子姬志真時代達到全盛,不僅在道教心性思想中獨樹一幟,甚至成為當時的心性顯學。在此過程中,王志謹承前啟後的作用不可小視。然而,相比於對王重陽、馬鈺、丘處機、尹志平、姬志真、李道純等全真教人物的研究,學界對王志謹心性學的研究相對較少。

學術界對於王志謹思想的研究不乏其人,但本書在廣泛吸取前賢智慧的基礎上獨闢蹊徑。運用重玄思想,通過橫縱比較的方式,不僅將王志謹心性思想與儒家、禪宗心性學進行對比,甚至將其與老莊哲學和全真教內馬鈺、丘處機等人的心性思想進行對比,打破了時空和學派的限制,凸顯了王志謹心性思想高邈幽遠、思辨向上的特點。更可貴的是,通過歷史唯物主義視角,分析了王志謹思想不同於王重陽、馬鈺、丘處機等教內前輩的原因,指出金元時期社會歷史大環境和全真教當時的發展態勢才是王志謹心性學異於前人的根本原因,使讀者不僅能「知其然」而且能「知其所以然」。

目次

引　言

　　道教是解讀中國歷史、中國文化的鑰匙。正如魯迅先生所言：「中國根柢全在道教。」道教作為中國文化的重要流派之一，歷記成敗，鑒往知來，閱盡人間滄桑，思考世態炎涼，充滿了對自然、社會和人生的思辨，對於研究中國的政治、經濟、文化和社會，具有不可替代的作用。

　　王志謹作為蒙元時期全真道的重要代表人物，經歷了道教文化大起大落的時代磨難，擔當了全真教承上啟下、繼往開來的歷史重任，因而在中國道家史上佔有極其重要的地位。作為全真教的第三代傳承人，王志謹分別受教於郝大通、丘處機，他博採二者之長，奠定了全真道盤山派的思想基礎，是道教發展史上一個舉足輕重的人物。

　　郝大通吸收禪宗、理學的心性思想，建立起以心為基點，以本心為本性、以得道為旨歸的心性論。本心、真心是郝大通心性論的重點，人們把它稱為「心之體」。他同時又提出道、心、性、命、神等宗教範疇，闡明了彼此間的關係原理，在學理上進一步完善了全真教的理論。其理論的核心是：滌蕩邪心、透悟本心，把修煉過程中的所有問題，都歸結為如何明悟本心、磨盡塵心。

　　丘處機的思想倡導「性命雙修」、「練心養性」，在豐富和發展老莊修煉理論的基礎上，吸收佛教的思想精華，集修道、修德、強身三者於一體，適應了蒙元統治者的政治需要和苦難民眾的現實需要。丘處機愛好廣泛，知識淵博，於道經無所不讀，儒書梵典亦歷歷上口，同時又喜歡屬文賦詩，然未始起蒿，大率以提唱玄要為意，雖不雕鑴而自然成文。他力主文以載道、文道並重，主張內丹心性之說和「三教合一」思想，在理論上頗有建樹。

丘處機萬里赴詔，被成吉思汗奉為座上賓，賜以各種封號，免除了全真道徒的賦稅，開闢了道教服務於少數民族政治統治之先河，使道教發展進入了一個鼎盛時期。然而，天有不測風雲，人有旦夕禍福。到了忽必烈統治時期，全真教又因為在政治上陷得過深，引發了蒙古貴族的強烈不滿，不少道士被削髮為僧或野蠻屠殺，大量道教經典被付之一炬。

滄海橫流安足慮，洗盡鉛華始見真。王志謹就是在這種歷史背景下，慈以利物，儉以律身，謙以自牧，修身練性，終成正果。正是由於王志謹經歷複雜，見多識廣，又繼承了道教一代宗師的思想精華，因而能獨步天下，為全真道盤山派開宗立派。

王志謹以全真心性學為底色，兼融禪宗心性本淨之說，認為人生於世，所為所作，無不報應。「金丹」乃是人的本來真性，修行者必須分清楚什麼是自己的本分事，什麼是自己的份外事，尤其要注重境上煉心，對境無心，不染不著，順其自然。王志謹還借佛教輪迴報應之說和儒家倫理思想，告誡習道之人，要常思己過，切忌驕矜，韜光晦跡，安貧守樸，苦己利他，暗積功行，終於建立起獨具特色的心性理論和濟世利人學說。他廣開教門，招賢納徒，培養了一大批高道名師，形成了盤山學派。因此說，研究王志謹心性思想，不僅具有一定的哲學價值，也有一定的教育學價值、政治學價值和倫理學價值。

第一章 王志謹心性思想的理論基礎

　　王志謹是全真派道士，他的思想帶有明顯的全真派理論色彩，即三教合一但仍然以道為尊，注重重玄超越但追求內丹修煉。這些都為他獨特的心性思想奠定了理論基礎。

第一節 三教合一思想

　　「三教合一」理念由來已久，自六朝隋唐到近當代學者大都認同這一提法。東漢以後，佛教傳入中土，本土經過改革得到迅猛發展，中國文化出現了儒道釋三教並存的格局（這裡將儒當作思想流派而不是現代意義所說的宗教）。從此以後，儒釋道三教之間開始了既相互競爭、相互排斥又相互啟發、相互融合的複雜歷程。而三教合一或三教合流被認為是中國傳統思想的必然趨勢。

　　魏晉南北朝時，佛教處在初傳時期。為得到傳統儒學和本土道教的思想認同，爭取在中土發展的機會，佛教迎合儒、道，力倡「三教合一」，當時一些佛教徒或兼習儒道的學者如慧遠、孫綽、張融等都宣傳過這一主張。其論點大體說來有：（1）主張三教平等、三教義理相通。如三國僧人康僧會所言：「儒典之格言，即佛教之明訓」（《漢高僧傳‧康僧會傳》）」慧遠亦稱「道法（佛）之與名教，如來之與堯孔，發致雖殊，潛相影響；出處誠異，終期則同」（《沙門不敬王者論》）。孫綽《喻道論》更明言「周孔即佛，佛即周孔」。（2）提倡三教同源，這是佛教爭取平等地位的另一種方式。比如北周道安稱「佛遣三弟子震旦教化：儒童菩薩、彼稱孔丘；當淨菩薩，彼稱顏淵；摩訶迪葉，彼稱老子」《清靜法行經》」。南朝梁武帝肖衍為代表更加直接：「老子、周公、孔子」

都是「如來弟子」，並作《會三教詩》，將儒、道看成同出於佛。（3）三教在「導民向善」「有助王化」方面的社會作用是一致的。孫綽謂「周孔救時蔽，佛教明其本耳。共為首尾，其致不殊。」宗炳亦謂三教雖「殊路」但「可善共轍」（《弘明集》卷 2）。由於他們多認為三教所起的作用一樣，當時一些統治者就採取了扶植三教的方針，如梁武帝肖衍。和佛教的做法相近，本土道教由於力量單薄，故在與佛教爭高下、在儒家氛圍中求生存求發展的過程中也強調三教可相輔為用，如葛洪在強調「道本儒末」的同時，又主張「仲尼未可專信，而老氏未可孤用」（《抱朴子內篇》），強調對其「兼而修之」。

老子畫像

宋元「三教合一」理念的變化，主要表現於「三教歸一」一語的廣泛運用。尤其是在佛教禪宗和道教全真派中表現得最為突出。佛教天台宗孤山智圓（號「中庸子」）有諸多主「三教合一」的言論。他不認為「三教合一」就是要放棄各家門戶，而是認為三教各有不同的作用和自己的存在價值，「修身以儒，治心以釋」，二者可以「共為表裏」，故三教可以鼎足而立。全真教以「三教合一」為立教宗旨，其中三教同源一致、三教一家等說法比比皆是，後文中將會有大量論述。

既然承認「三教合一」指三教義理歸同，那麼這個「歸同」之點是什麼？對此歷史上看法也不盡相同。大致說來有以下幾種：（1）「合一」有倫理目標一致的意思，這點各家無大異議。（2）認為三教皆由一「道」貫通，張伯端所謂

「教雖分三，道乃歸一」（《悟真篇》）即此。但所「貫」之「道」各家說法又有不同，宋太初謂「禮之中庸，伯陽之自然，釋氏之無為，共歸一家」（《宋史‧宋太初傳》），以自然無為和中庸為一貫之「道」。全真教則謂「三教者不離真道也」（《金闕玉鎖訣》），以「真道」為所歸之「一」。（3）謂三教義理皆貫一「靜」、「中」、「虛」。李道純《中和集》謂「三教所尚者，靜定也」，又以「中」為其所貫之義，說：「不思善不思惡」為「禪宗之中」，而「喜怒哀樂未發謂之中，此儒家之『中』」；「念頭不起謂之中，此道家之中」。歧義的出現反映了三教的思想交融是在多層面上發生的。若進一步考之三教發展的動態過程及各教的較為確定的歸勢，不難發現，隋唐以降，佛教由禪宗而革命，道教至全真而轉向，儒學到陽明乃大變，其寓於變革轉化中的思想意趣不越「心性」二字。「三教合一」即倫理目標一致，旨趣歸向心性。《性命圭旨》卷一《人道說》謂：要而言之，無非此性命之道也。儒曰「存心養性」，道曰「修心煉性」，釋曰「明心見性」。心性者，本體也。儒之執「中」者，執此本體之「中」也。道之守「中」者，守此本體之「中」也。釋之空「中」者，本體之鄉中」，本洞然而空也。道之得「一」者，得此本體之「一」也。釋之歸「一」者，歸此本體之「一」也。孺之「一」貫者，以此本體之「一」而貫之也。」又說「儒家之教，教人順性命以還造化，其道公；禪宗之教，教人幻性命以超大覺，其道高；老氏之教，教人修性命而得長生，其旨切。教雖分三，其道一也。」《性命圭旨》正是從核心精神上把握三教同歸之旨的，並正確地指出了三教所歸皆在「心性」。

孔子畫像

具體看來，全真教對佛教和儒家思想都有很明顯的融攝。全真教是在太一道、大道教出現之後興起的，王重陽創教初期，儒釋道三教之學本各有其宗旨，而王重陽認為三教之學皆不離「大道」，歸根到底都統一於「道德性命之學」。他宣稱「儒門釋戶道相通，三教從來一祖風」，主張創立融會貫通三教的「性命之道」，即全真道。他主張弟子們誦讀《道德經》《般若心經》和儒家的《孝經》。在道德倫理規範方面，王重陽曾要求眾徒「潔己存心歸大善，常行惻隱之端，慈悲清淨亦頻觀。希夷玄奧旨，三教共全完。別子休妻為上士，悉捐財色真餐。長全五臟得康年。功成兼行滿，真性入仙壇。」這裡所說的「惻隱」「慈悲」「清靜」分別代表了儒、釋、道三教的倫理思想。《全真教祖碑》中曾記載：「凡立會必以三教名之者，厥有旨哉。先生者，蓋子思、達磨之徒歟，足見其沖虛明妙，寂靜圓融，不獨居一教也。」由此可以瞭解，全真道早期教會主張以三教命名，這也說明了全真道不僅在思想上呈現出了三教合一的特質，組織形式上也是如此。縱觀全真道創教之初王重陽提出關於儒釋道三教的種種觀點和思想來看，儒家的忠孝等思想在早期全真道倫理學說中所佔的比例更大一些。

釋迦摩尼畫像

創立全真教之初，王重陽就主張創立一種融會貫通三教的「性命之道」（即全真道）。早期全真諸子的思想都受到了佛教的影響。首先，王重陽及其弟子吸收了佛教的人生觀，極力渲染人生苦短無常及六道輪迴之苦，勸說人們看破功名與富貴，立志求道成仙，因此，全真道規定道士必須出家住觀，嚴格遵守觀內的戒律，苦行濟世，才能成仙。再者，全真教在本體論思想上也對佛教的思想有所融攝。例如，王重陽及其弟子宣揚「道」是宇宙萬物賴以存在的本體。郝大通認為既然萬物皆稟有道之「氣」，則萬物皆可歸屬於「一」，故可「以一法包無邊之法」。雖傳統道教中也存在這種本體論思想，但此說法明顯受到了佛教華嚴宗「一多相攝」思想的影響。華嚴宗的「一多相攝」說有小大相容之論，認為芥子可以納須彌、毛孔可以納海水，譚處端也曾用過這個典故：「毛吞大海誰人解，芥納須彌幾個知」。除上述內容外，全真道在「真行」方面對佛教普度眾生的思想也有所吸收。全真道所謂「真行」即廣行善事，仁愛無私，濟困拔苦，傳道度人等積累功德之事，將行善積德作為得道成仙修行的必要因素和基本條件。由此看出，全真道在繼承鍾呂內丹派思想的基礎上同樣吸收了大乘佛教普度眾生的思想，認為在修心煉命的「真行」方面需要結合入世實踐，功德圓滿才能成為天仙。

第二節　老莊心性思想

道的本義是大路、坦途，而老子則以道指稱宇宙的本原、本根。「有物混成，先天地生。寂兮寥兮，獨立而不改，周行而不殆。可以為天下母，吾不知其名，字之曰道。」（《道德經》二十五章）道為天下萬物之母、天下萬物之根、未有天地之前唯一的存在。作為天地萬物存在的本根，道是一種先於一切存在的存在，而這一存在，並非一原初物質的存在，而是天地開闢的起始或起點。道化生萬物的過程為：「道生一，一生二，二生三，三生萬物。」（《道德經》第四十二章）「道」不僅是事物存在的本原、本根，同時也是事物存在的根據，是萬事萬物的本體。道化生萬物之後，又作為天地萬物存在的根據而蘊涵於天地萬物之中，成為天地萬物的本質。所以，道不僅是一個生成論的範疇，同時也是一個本體論的範疇。但道成就天地萬物，並非有意作為，而完全出於無意作為，即所謂自然而然。「人法地，地法天，天法道，道法自然。」（《道德經》第二十五章）這是老子哲學的根本。「自然」就是自生、自化、自成，也就是

自本自根。「道法自然」實際上即是「道性自然」。河上公曰：「道性自然，無所法也。」（《道德真經注》卷二）「道法自然」即道以自然為法，以自己為法。自然是道的本性，也可稱為道體。

性，本字為生。人性是人類的本性或本然之性、天然之性。道家人性論是其道論的自然延伸或者是其人性論是其道論的具體化。在道家看來，道是萬物的本原、本根，也是萬物的本體。道在具體物上的彰顯，即是「德」。德即「得」自於道。成為物的本體，使某物成為某物者，是道；物之得道，是德；某物之所以為某物，是性。道落實於天，為天性；落實於人，為人性；落實於物，為物性。性不是別的，正是道在具體物上的現實顯現，所有物的本性都是「道」，所以性也可稱為「道性」。

在老子看來，道的本性即是自然無為，自然無為乃支配宇宙萬物的根本規律，也是人類應當信守的基本行為準則。老子強調的是性之自然、本然和無為。而莊子強調的則是性之本真、自由。道的本性是自然，而人源出於道，所以人的本性也是自然。人的自然狀態就是自由的狀態。但是人的心卻不是自然自由的狀態，因為心是人的血肉器官，是人的身體的一部分。正如老子所說：「吾之所以有大患，在吾有身。及吾無身，吾有何患」（《道德經》第十三章）。如果說性是先天之物，那麼心則是後天之物，作為後天之物的心被周圍的世俗世界所誘惑，從而產生憂慮各種念頭，使人變得不自由了。所以莊子提出了「心遊」，「心遊」是人最大程度的自由，是人的徹底解放：「且夫乘物以遊心，託不得已以養中，至矣」（《莊子‧人間世》）。「乘物」就是要讓功名利祿等物被我所用，而不是我被其所掌握，只有這樣才能真正自由，才能避免異化。

老子只是提到所謂「覆命」：「歸根曰靜，是謂覆命。覆命曰常。知常曰明。不知常，妄作，凶。」此處之「命」，實為生命之「命」，而非命運之「命」。「覆命」亦即恢復生命之本來狀態，而不是命運。莊子對於命，基本上採取一種無可奈何的態度：「受命於地，唯松柏獨也正，在冬夏青青；受命於天，唯堯、舜獨也正，在萬物之首。」（《莊子‧德充符》）命作為一種必然的異己的力量，莊子認為人是無法違抗的。「死生、存亡、窮達、貧富、賢與不肖、毀譽、饑渴、寒暑，是事之變、命之行也。」（《莊子‧德充符》）此一切既謂之命，當然是人力所無法改變的。與命關聯的還有一個概念：時。如果說，命是一種不可抗拒的、異己的、必然的力量與趨勢，那麼時則是人力所無法左右的特定的社會發展狀態，亦即所謂的時局、時勢。和命一樣，時也對人有著很大

之影響和作用：「當堯、舜而天下無窮人，非知得也；當桀、紂而天下無通人，非知失也。時勢適然。」(《莊子‧秋水》)所以曰：「貴賤有時，未可以為常也。」

　　心性論必然涉及到修養工夫。心性論的主旨是如何做人，做什麼樣的人；而如何做人，這一方法問題即是人的修養問題。儒家講修養，主要是一種積極的進路，是增的方法；道家講修養，則是一種消極的進路，是一種負的方法。致虛守靜是老、莊修養論的主旨。老子首倡致虛守靜，莊子則將致虛守靜具體化為「心齋」與「坐忘」。不僅如此，莊子更將致虛守靜提升為本體論的高度，而標舉「齊物」。老子以自然無為為本，為了能做到自然無為，老子提倡虛靜。「致虛極，守靜篤，萬物並作，吾以觀其復。」(《道德經》第十六章)「虛」者，虛其物慾之心也；「復」者，反還也。致虛、守靜，以觀萬物之變。物雖千變萬化，而不離其根本。其根本即是靜，故要知常守靜。知常守靜其實也是自然無為。老子提倡虛靜，莊子進一步發揮了老子致虛守靜的思想，而提出了「心齋」與「坐忘」。關於「心齋」，莊子說：「若一志，無聽之以耳而聽之以心，無聽之以心而聽之以氣。」(《莊子‧人間世》)「若一志」，即專一志趣、志向，要做到「無聽之以耳而聽之以心」。保守心性之虛靜空靈，就是所謂的「心齋」。心齋的要義在於滌除物慾之心，只有滌除物慾之心，才能保守心的虛靜空靈；只有保守心的虛靜空靈，才能做到「遊心」，才能維持心靈的自由與自在。

　　關於「坐忘」，《莊子‧大宗師》對其有具體的說明：「墮肢體，黜聰明，離形去知，同於大通，此謂坐忘。」「忘」不是遺忘而是放棄、是超越、是無所牽掛。「忘足，履之適也；忘要，帶之適也；知忘是非，心之適也。」有其忘，才能達其適。「魚相忘乎江湖，人相忘乎道術。」忘的前提是自給而自足，自足才能自由。「心齋」與「坐忘」之外，莊子還倡導「齊物」。在莊子看來，世間之一切，本無是非、大小的差分，因為有了「成心」，即有了主觀上的偏見，方才見出差分。「以道觀之，物無貴賤；以物觀之，自貴而相賤；以俗觀之，貴賤不在己。」(《莊子‧秋水》)以道觀之，天下之物莫不玄同，故無貴賤；以物觀之，每一物皆自以為貴，而以他物為賤，物皆自貴而相賤，而事物本身則原本並無貴賤。以道觀之，天下萬物莫不同，天下之物皆歸之於一。「自其異者視之，肝膽楚越也；自其同者視之，萬物皆一也。」(《莊子‧德充符》)齊萬物，齊生死，並非為齊而齊。齊與不齊，是人的一種觀點與態度，物本身並不受這種觀點與態度的影響。齊物論是要高揚一種精神，一種豁達、舒放、淡泊、曠然的精神。

莊子畫像

正如羅安憲先生所指出的那樣：道家所倡導的是一種自由而恬淡的精神生活，道家所追求的是人的自由、自主與超越，道家所強烈反對的是物對於人的凌辱、摧殘與統治。自然、自在而自由，和諧、和睦而和適，這就是道家心性論的基本內容。

第三節　道教思想

道教追求的最高宗教目標是得道成仙。一整套宗教教義學說都是圍繞著這一目標展開的。

一、道教的基本教義

道教的「道」淵源於先秦道家。這個「道」既稱玄道又稱真常道，是指天地萬物的本根、本原、總體。「德」是對「道」的衍化，是「道」的法則落實於社會的道德行為規範。道生萬物、德化萬物，生生不息。《道德經》稱「道可道，非常道；名可名，非常名」「有物混成，先天地生。寂兮寥兮，獨立而不改，周行而不殆，可以為天下母。吾不知其名，強字之曰『道』，強為之名曰『『大』』。」可見，《道德經》將「道」視為超時空的永恆存在，是天地萬物的總根源。《道德經》還說：「道一生二，二生三，三生萬物」。「道」包含了物質世界和精神世界的全部內容。它既是天地萬物的本原和宇宙發展的原動力，

又是溝通萬物的宇宙本體和社會人生的最高真理。

　　道教在創立之初，便尊奉《道德經》為道教的基本經典，以其中所提出的「道」和「德」兩個範疇為最核心的概念。所以，「遵道貴德」是道教的最基本教理教義。道教認為，「道」是宇宙的本原、宇宙的主宰，是產生和支配天地萬物的造物主，是至高無上的人格化的神。這是道教最基本的教義，是道教徒不可動搖的信念。「道」無處不在，無時不有，是宇宙一切的開始和萬事萬物的演化者。

　　道教經書對於「道」的解釋很多，如早期道教的主要經典《太平經》說：「夫道何等也？萬物之元首，不可得名者。六極之中，無道不能變化。元氣行道，以生萬物。」又說：「道無奇辭，一陰一陽，為其用也。得其治者昌，失其治者亂，得其治者神且明，失其治者道不可行。」「凡事無大無小，皆守道而行，故無凶。今日失道，即致大亂。故陽安即萬物自生，陰安即萬物自成。」五斗米道所信奉的《老子想爾注》說，「一者道也」，既「在天地外」，又「在天地間」而且「往來人身中」，「散形為氣，聚形為太上老君。」

　　可見，道教在初創之時，就認為「道」是宇宙的創生者。以後道教的經書，也基本上沿襲此說。如《太上老君常說清靜經》說：「大道無形，生育天地；大道無情，運日月；大道無名，長養萬物。吾不知其名，強名曰道。夫道者有清有濁，有動有靜，天清地濁，天動地靜，男清女濁。男動女靜，降本流末，而生萬物。」道書中對「德」的解釋也很多，如《太平經》認為「道」為元氣，「德」為自然向化；「道」為天，「德」為地，「道」為陰陽，「德」為五行，「道」主生，「德」主養等。《太平經》總括「道德」的含意，說「要道善德」是只能遵循而不可違背的。

二、崇神拜仙是道教的根本信仰

　　道教是以道家哲理和神仙信仰為核心的多神教。道教內容豐富，所謂上標老子，次述神仙，下襲張陵，包含有道家及先秦諸家哲學流派的學說，還含有神學思辨及養生修真之方術，以及符籙禁咒及醮儀。外在表現形式雖然很多，究其實質，是以神仙信仰為其中心。

　　天神體系包含自然神、宗祖神、職能神及有功有德於世人之神。「仙」是在原來「神」的觀念上的一種更新，「仙」具有神性但又有別於諸天神，他們超脫世欲，也超脫於天庭事務，是無拘無束的自由人，是超脫了生死的長生久

視的人，是人可以直接修成的有神靈性質的人。「神」和「仙」統一制轄於「道」，皆受「道」的支配。「道」散則為宇宙本原之「元炁」，聚則成形為「太上老君」。道教一切義理都是在揭示「道」的玄奧、神聖性與創造、主宰宇宙的權威，同時也論證「神」「仙」的存在。道教經典著力闡揚「道」「神」「仙」的實在性和可修得、可求得的靈驗性。修道可以成仙，這是道教最顯著的特點。

需要說明的是，道教的神仙信仰，並不是西方的一神教，而是尊奉主神的多神教。在道教看來，只要是修煉成道、神通廣大、變化無方、長生不死的人都可以成為道教徒心目中的「神仙」。因此在三清尊神以下，還有玉皇大帝、護法神將、瑤池女仙、城隍、土地、灶君、財神、八仙等諸多神仙，共同構建了一個超然於人間的虛無縹緲而瑰麗多彩的神仙世界。對於這個神仙世界的景仰構成了道教信仰的基礎。道教認為，不崇拜這個神仙世界的浩渺，也就是不承認創始主——「道」的浩大與力量無窮；不相信世上存在天神、天帝、天庭，道教的祈禳醮儀符籙等等就毫無意義，不相信神仙、仙境的存在，也就沒有道教徒追求長生不老的願望和信仰。

三、長生久視是道教的修養目標

道教重視生命的價值，以生為樂，重生惡死。長生成仙是道教追求的終極目標，這是道教與其他宗教的不同之處。其他宗教都關注人死後的問題，而道教關注人如何不死的問題。其他宗教追求超現實，讓人們把一切希望寄託於彼岸世界。而道教則看重個體生命的價值，認為生活在世界上是一件樂事，死亡才是痛苦的。因而它的生命觀念不僅不否定現世利益，反而對現世人們的生活欲望予以最大限度的肯定，鼓勵人們以現世生命為基礎，抓緊時間修道，爭取早日得道成仙。道教這種「生道合一、長生不死」的教義同其他宗教以「死」為解脫的觀念大相逕庭。

在早期道教經典中，仙道貴生的思想已經存在。如《老子想爾注》把《道德經》第十六章中的「公乃王，王乃大」和二十五章中「故道大天地大王亦大，域中有四大，而王居其一焉」的「王」字均改為「生」，並注解為：「生，道之別體也。」意即「生」是「道」的表現形式，「生」和天地同樣重大。《太平經》也說：「夫天道惡殺好生。」也是重視「生」。晉代道士葛洪宣揚服食金丹能令人不老不死，而且提出當活神仙的思想。

道教認為，人之生命並非決定於天命。《西升經》說我命在我，不屬天地。」

《抱朴子・內篇・黃白篇》說：我命在我不在天，還丹成金億萬年。意思是說，人的命決定於自身，並非決定於天命，人只要善於修道養生，安神固形，便可以長生不死。《元氣論》：「大修無為，入真道者，先須保道氣於體中，息元氣於藏內，然後輔以藥物，助之以百行，則內愈萬病，外安萬神，內氣歸元，外邪自卻，卻災害於外，神道德於內，內外相濟，保守身命，豈不善乎！」

　　人的生死，壽命長短，決定於自身，而非外在力量。道與生相守，生與道相保，須臾不離，道在則生，道去則死。所以，人只要善於修道養生，便可以升入仙界。《太上老君內觀經》中說：「道不可見，因生以明之；生不可常，用道以守之。若生亡則道廢，道廢則生亡。生道合一則長生不死。」又說：「老君曰：道無生死，而形有生死。所以言生死者，屬形不屬道也。形所以生者，由得其道也。人能存在守道，則長存不亡也。」

四、天道承負的報應觀念

　　受到佛教因果報應說的啟發，道教發展出了承負說。《太平經》言：「然，承者為前，負者為後；承者，乃謂先人本承天心而行，小小失之，不自知，用日積久，相聚為多，今後生人反無辜蒙其過謫，連傳被其災，故前為承，後為負也。負者，乃先人負於生者也。」簡單說就是前人惹禍後人遭殃，循環不已。這是針對一個家族內子孫而言的。《太平經》還言：「上天下地，陰陽相合施生人，名為三也。三統共生，長養凡物名為財，財共生欲，欲共生邪，邪共生奸，奸共生猾，猾共生害而不止則亂敗，敗而不止不可復理，因窮還返其本，故名為承負。」意思是說，天地人三統共生，長養財物，欲多則生姦邪，害而不止便會亂敗，不可復理便還返於虛無，復歸元氣恍惚。這樣的自然循環，也叫承負。這是針對自然與社會的變化而言的。

　　斷承負免除厄運的方法，只有靠修行真道，積善成仁，才能為子孫造福，不受因果報應之苦。《太上感應篇》說：「太上曰：禍福無門，惟人自召。善惡之報，如影隨形。是以天地有司過之神，依人所犯輕重，以奪人算」還說「所謂善人，人皆敬之，天道佑之，福祿隨之，眾邪遠之，神靈衛之，所做必成，神仙可冀。」《文昌帝君陰騭文》中說：「諸惡莫作，眾善奉行，永無惡曜加臨，常有吉神擁護。近報則在自己，遠報則在兒孫。」將主宰善惡報應的超自然的異己力量改換為道教的司功過神，認為他們在天上仔細觀察著人們的一舉一動。到了一定的時候，天便會根據個人的善惡，予以賞罰。

五、重視實踐力行

與那些只是給人提供一種思想，將本身注意力放在教義教規的完善和遵守以及祭祀、祈禱等儀式的宗教不同。道教給人們以信仰的同時又輔以各種道術來完成其信仰目的，即所謂「道無術不行」。信仰者不僅要信道還要得道，而得道必須實踐力行，這是道教的一大特色。道教在發展過程中產生了一系列實踐力行的方法，即創制了一套獨特的修煉方術。他們揚言，若按此修煉，就可以長生不死。主要方術有內養、外養和房中術。

內養，是指按一定的方法，運用人體內固有的精氣神，來達到長生和成仙的目的。具體又分「守一、行氣和「內丹」三項。「守一」（又稱「存神」），就是依靠人的意識來守住體內的魂神，使魂神不受外界的干擾，做到形神不相分離，從而達到長生不死的目的。做到這一步就必須斷絕種貪欲之念，閉塞魂神外出的通道，使其長駐體內。行氣」（又稱「食氣」「服氣」「煉氣」）是以呼吸吐納為主，輔之以力，引動對肢體的導引和按摩，以舒展筋骨，流通血脈，達到長生之目的。據說，彭祖就是因為善於「導引行氣」而長壽的。「內丹」，即修煉家把人體的某些部位比作爐鼎，以精氣神為對象，按照一定的方法、一定的步驟，進行煉養，使精氣神在體內凝成內丹而長生。

外養的方法主要有服食和外丹等。「服食」是指服用藥物以使身體健康而達到長壽。藥物有人造丹藥和草木藥兩種。丹藥即煉丹的結晶。草術藥是指從深山曠野中採集的自然藥物。外丹（又稱煉丹術、仙丹術和金丹術）指用爐鼎燒煉鉛、汞等礦石（或摻一些草木藥）來製造長生不死的丹藥，通過服食丹藥而長生。房中術（也稱男女合氣之術）講求男女陰陽合和及房中節欲，認為這種方術可以使人延年益壽，乃至長生不死。

上述種種方法，實際上都不可能達到長生不死，唐代有許多皇帝為了長生，服用金丹以致慢性中毒而早死。於是，外丹逐漸被內丹取代。內養修煉方術起源於南北朝和隋，發展於盛唐，金元時期成熟，後成為道教的主要修煉方法。

第四節　重玄學

重玄學是中國思想史的重要內容，尤其是道教義理的重要組成部分。重玄學興起於南北朝梁陳時期，到隋唐達到繁榮。有學者認為其大致包括道體重玄

論、道性自然論、修心復性論、重玄境界論四個方面的主題（《道家重玄學芻議》）。

對於「重玄學」，中外學者的稱謂存在差異，重玄學的首倡者蒙文通稱之為「重玄學派」。盧國龍認為，重玄宗承於《老子》，打開了道教義學的新局面，成為盛唐以前道教義學的理論原則和基本精神，故他稱之為「道教重玄學」。李大華稱之為「道教『重玄』哲學」，詹石窗則稱之為「老學重玄宗」。何建明認為，中國歷史上的這一重玄學術文化思潮，是以發揮老莊學和重玄思辨為主要特徵的一種思想傾向，並沒有形成一個獨立自覺的宗派，它不僅存在道教也存在於道家，故將其界定為「道家重玄學」比較妥當（《玄之又玄——由先秦到隋唐道家哲學發展的曲折歷程，梁輝成》）。在卿希泰先生主編的《中國道教史》中稱「重玄學」為「重玄宗」，而在其主編的《中國道教思想史》中他卻認為，近年來許多學者對隋唐這一道教思想流派稱之為「重玄學」是適用的。此外，還有學者稱之為「隋唐重玄學」。但無論如何，「重玄學」是繼「魏晉玄學」之後的又一學術思潮。它萌芽於魏晉，形成發展於隋至初唐，對整個唐代道家與道教的發展都產生了深遠的影響。

重玄學以闡發「重玄之道」為特徵。所謂「重玄之道」，來源於《道德經》首章「玄之又玄，眾妙之門」，它並非這句話的簡單重複，而是包涵了自魏晉玄學、佛學及至道教數代學者的創見在內的翻新與回歸。按照盧國龍先生的說法，「重玄學的歷史發展，經歷了四個階段，三次宗趣轉變。第一階段是南北朝時期，宗趣在於經教體系的建立；第二階段是隋及唐初，宗趣在於重玄的精神超越；第三階段是高宗武周朝，宗趣由精神超越轉變為道性論和心性修養；第四階段是盛唐時期，重玄學宗趣最終由體道修性復歸於修仙，開導了唐宋內丹道之風氣。

唐代重玄學大師成玄英解釋「玄之又玄」說：有欲之人唯滯於有，無欲之人唯滯於無，故說一玄，以遣雙執。又恐行者滯於此玄，今說又玄，更袪後病。既而非但不滯於滯，亦乃不滯於不滯，此則遣之又遣，故曰玄之又玄。這一言論傳達了重玄學的基本特質：即以否定性思維來破除修行者的滯著心，進而將「否定」也放棄，進入難以言說的形而上「重玄之境」。另一位重玄大師李榮亦曰：「道德杳冥，理超於言象；真宗虛湛，事絕於有無。寄言象之外，記有無之表，以通幽路，故曰玄之。猶恐迷方者膠柱，失理者守株，即滯此玄以為真道，故極言之非有無之表，定名曰玄。借玄以遣有無，有無既遣，玄亦自喪，

故曰又玄。又玄者，三翻不足言其極，四句未可致其源，寥廓無端，虛通不礙，總萬象之樞要，開百靈之戶牖。達斯趣者，眾妙之門。」（《道德真經注》）

據文獻記載，最早使用「重玄」一詞的是東晉時的著名佛教學者支道林。支道林對道家學說特別是《莊子》有很深入的研究，在其《大小品對比要鈔序》中說：「夫波若波羅密者，眾妙之淵府，群智之玄家，神王之所由，如來之照功。其為經也，至為空豁，廓然無物者也。無物之物，故能齊於物；無智於智，故能運於智。是故夷三脫於重玄，齊萬物於空同，明諸佛之始有，盡群聖之本無，登十位之妙階，趣天生之徑路。何者？賴其至無，故能為用。在這裡，支道林把老子的「玄之又玄」和莊子的「至無」「無非無」等思想引入了般若性空學說，並第一次提出了「重玄」概念。

支道林提出「重玄」一詞決非為開創「重玄學」，也未對此作進一步的解釋，但是對後來者卻產生了重大的影響，導致了「重玄學」的產生，其中受其影響最大的是東晉的孫盛和孫登。孫盛在《老子疑問反訓》中涉及了「重玄」思想，但其闡述缺乏自覺性，也沒有使用「重玄」一詞。歷來認為，在「重玄」形成過程中，孫登起的作用更大。成玄英在《老子道德經義疏開題》中寫到：「晉士孫登，方託重玄以寄宗。雖復眾家不同，今以孫氏為正，以重玄為宗，無為為體。」孫登可謂早期「重玄」思想的倡導者和代表人物，而「重玄學」的創始人應是成玄英。重玄之前必須先提到「玄學」，魏晉玄學是通過「有無之辨」展開的，而成玄英構建其重玄學體系也是從「有無」開始的。成玄英首先給「玄」下了定義：「玄者深遠之義，亦是不滯之名。有無二心，徼妙兩觀，源乎一道，同出異名。異名一道，謂之深遠，深遠之玄，理歸無滯。既不滯有，亦不滯無，二俱不滯，故謂之玄也。」（《道德經義疏》）在這裡，成玄英在給「玄」定義的同時也對「有無」予以了初步否定。處於「有無」之間或之外的就是「玄」。那麼什麼是「重玄」呢？即：「有欲之人，唯滯於有，無欲之士又滯於無，故說一玄，以遣雙執。又恐學者，滯於此玄，今說又玄，更祛後病。既而非但不滯於滯，亦乃不滯於不滯，此則遣之又遣，故曰玄之又玄。」（《道德經義疏》）只是不滯於「有無」還不夠，還要不滯於「不滯」，這就是「玄之又玄」。那麼怎樣才能擺脫「有無」的困境？這就是「遣」，「一遣」可達「一玄」，「雙遣」即是「玄之又玄」。對於「雙遣」的方法，成玄英還有更為詳盡的描述：「前以無遣有，此則以有遣無，有無雙離，一中道也……前以無名遣有，次以不欲遣無。有無既遣，不欲還息，不欲既除，一中斯泯。此則遣之又

遣，玄之又玄，所謂探幽索隱、窮理盡性者也。」

重玄學的出現，是對魏晉玄學的反動。王弼在注《老子》「此兩者同出而異名」時，把「玄之又玄」理解為「不可得而謂之然」之「無有」，從而在有與無的關係上，肯定了有生於無。郭象則執定無不能生有，而有自有，萬物有獨化於玄冥之境。佛學在把龍樹的《中論》、《百論》等翻譯過來後，找到了擺脫玄學影響的思想方法，這就是「雙遣雙非」的方法，認為執著於有是滯於有，執著於無是滯於無，如果不落兩邊，有無雙遣，非有非無，即合「中道」。這些都是對重玄學的啟發。

中唐之時，崇奉重玄之學的唐玄宗可說是把重玄理論推向了高潮，他在《御注道德經》中說：「法性清淨是曰重玄，雖籍勤行，必須無著，次來次滅，雖行無行，相與道合。」他的《道德經疏》卷一中也說：「攝跡歸本，謂之深妙；若住斯妙，其跡復存，與彼異名，等無差別。故寄又玄以遣玄，欲令不滯於玄。本跡兩忘，是名無住。」可見，他把重玄理論提到了一種形而上的高度。王玄覽像成玄英一樣，既講因緣說，又講獨化論，不過在他這裡，這兩者是互相限制的。一方面，萬物在生化流轉中，既「外不資於道」，又「內不資於己」；但另一方面，任何一物的生滅又都有待於他物的生滅變化，同時萬物在生滅變化中又總是以物的形式存在，這樣一來，「外不資於道」和「內不資於己」兩個方面都受到限制。王玄覽不像成玄英那樣，用獨化說來否定本體的存在，因為在他看來，不管世界如何生滅變化，本體之道依舊寂然不動。萬物稟道而生，道存在於萬物之中，二者虛實相依，統一不二。這個真常之道就是王玄覽所找到的新的精神寄託。

唐末的杜光庭，非常推崇重玄學派。杜光庭廣泛收集道教典籍，並作了認真的分析與研究，深入地探索了始於魏晉時期、盛行於唐代的重玄思想，並進行了一次思想和理論方面的總結。具體而言，他引入玄學的思辨、佛教的中觀來解讀和闡釋《道德經》，融儒佛道三家於一爐來發展道教理論，不僅把成玄英、唐玄宗等人的重玄思想加以繼承和發揚光大，而且使道教理論更為思辨化和哲理化，建構了一門博大精深的道教重玄學術體系。杜光庭處在由盛入衰、由治轉亂的唐末時期，他將重玄的宗旨與歷史責任感緊密聯繫在一起，把「重玄之道」定為「理身理國之道」，並把「理身」作為「理國」的根本，從而提出了一種切實的道教哲學理論——「性命雙修」。「遣」依然是杜光庭重玄思想的核心，首先遣除滯留於心中的「有」，其次遣除滯於思想中的「無」，再次遣

除滯留的「非有非無」，以致於遣除一切外在的和內在的滯障之物，層層遣除之後，也就能夠達到「重玄之境」了。當然，杜光庭的「遣之又遣」的辯證重玄理論，最終還是從扶教救國、拯救眾生的思考來立論重玄思想的。他對國家的安定、社會的治亂、人性的修煉都有真誠的關注和深深的思考，處處洋溢著愛國的情愫和人文的關懷，這對其後的道教理論和宋元心性學都產生了深遠的影響。除此之外，著名的重玄學者還有孟智周、吳筠、李榮、司馬承禎等。

鍾離權畫像

唐後期，外丹學說逐漸被內丹學說代替，重玄學逐漸與內丹學合流。重玄哲學的本體論融化、落實在內丹學說之中。因此，重玄學在唐以後不是衰落，而是發生了轉化。重玄學是隋唐時期道教理論發展史上的一種重要哲學思潮，它上溯魏晉玄學的思想脈絡，下啟宋明理學的發展思路。因此，老學重玄派的學術價值及其在道教思想史上的崇高地位應予以充分地重視和肯定。「魏晉玄學」是通過「有無之辨」展開的，它的目的是利用「自然」來挽救「名教」。「隋唐重玄學」則通過「有無雙遣」實現了對「魏晉玄學」的揚棄，建立了以「重玄之道」為核心的「重玄學」思想體系。它主觀上是為了完善道教義理，客觀上實現了道家主體思想的回歸，又可稱為道家哲學的第三期發展。

作為全真教的祖師，王重陽在思想上與重玄學有許多相同之處，尤其是在因緣學說、性命思想方面，顯示出重玄學的深刻影響。王重陽將其所創之教命名為全真，主旨在於保全人的純真本性，追求精神上的自由解脫，而不在於企求肉體上的長生不滅。而之所以如此，源於他對人的肉體和精神所作出的價值判斷，用他自己的話來說，就是「性為真，身是假」。在他看來，人是由肉體和精神兩部分組成的，肉體即身，精神即性，他稱之為真性。肉體是有生有滅的，所以是假的。真性是不生不滅的，所以是真的。為什麼說肉體是假的呢？王重陽借用佛教的因緣說來加以證明。他說：「胎生卵濕化生人，迷惑安知四假因。正是泥團為土塊，聚為身體散為塵。」（《活死人詩贈寧伯功》）佛教的「因緣說」認為，萬物都是由「四大」——火、風、地、水因緣和合而成的，緣合則生，緣散則滅。火、風、地、水沒有自性，是假，所以萬物也沒有自性，也是假。人也是如此。而成玄英把因緣說和西晉時期玄學家郭象的獨化論結合在一起，認為萬物既是因緣和合的，又是自然獨化的。一方面萬物都由各種因緣和合而成，所以沒有真實的物自體存在。他說：「水火木金，異物相假，眾諸寄託，共成一身。是知形體，由來虛偽。」一切物象都是各種因緣和合而成，都有待於因緣才能成立，所以世界上的萬物都沒有內在的本質規定性，都是虛偽，都是幻化，由此他得出忘我、忘物的結論。

自然因緣論是從本體論的角度來解決道與物的關係問題。它一方面可以破除人對自己身體的執著，從而否定肉體成仙之說；另一方面又可以破除人對外在之道的執著，使人向內心去尋求精神的解脫。這兩個方面都是王重陽所需要的：他一方面否定了肉體不死的可能性，另一方面又為人們找到了一個新的成仙的根據，那就是人心中的真性。王重陽的性命雙修思想雖然自稱來自鍾呂，但這種思想的產生，在唐代重玄學家那裏就開始萌芽了。當時重玄學已由追求純粹的精神超越向仙道復歸，開始追求形神俱妙，將重玄之道與神仙思想相結合，形成了性命雙修的思想，這在吳筠的思想中表現得最明顯。吳筠認為老莊是教人修性的，而修性是人歸根覆命以求長生的基礎，由此他建立起一個以性命雙修為綱要的思想體系。這種思想可能先影響了鍾呂，然後又通過鍾呂影響了王重陽。

第二章 滄海橫流安足慮，洗盡鉛華始見真——王志謹的生平及著述情況

第一節 王志謹所處的時代

　　正如法國藝術史學家丹納所說，自然界的氣候變化決定了植物的種類，而文化思想的產生也有它特定的社會文化背景。中國歷史有兩個顯著的特點，一是天下大勢，分久必合，合久必分；一個是盛世產明君，亂世出思想，越是天下大亂，越是思想繁榮，百花齊放。

　　宋金元時期是我國歷史上一個極為動盪的時期，最典型的特徵是中原漢族政權孱弱，北方和西北外族政權進入中原，並引發大規模的改朝換代。北宋自建立就面臨著嚴重的外患和邊防問題。宋太祖趙匡胤鑒於自己「陳橋兵變」成功篡位的經歷對武將掌握軍隊憂心忡忡，不僅通過「杯酒釋兵權」解除了悍將重臣的軍事權力，還通過一系列措施弱化邊防。此政策在宋朝成為傳統，北宋歷代君主都在加強中央禁軍建設的同時削弱邊防軍的實力。

　　於此同時，北方契丹、女真、蒙古和西北的党項人先後崛起，北宋在立國不久就被迫與契丹人建立的遼和党項人建立的西夏簽訂不平等條約，通過繳納歲幣的方式換得暫時的邊境安寧。北宋末年，宋徽宗即位，自此北宋朝政每況愈下。徽宗任用蔡京、童貫等姦臣，導致姦邪佞臣把持朝政，還自封「教主道君皇帝」寵信林靈素等道士，多次舉行大型的齋醮活動，奢侈無度，嚴重削

弱了國家實力。同時，發源於白山黑水之間的女真族在首領完顏阿骨打的領導下於 1115 年建國，國號金。金在與北宋聯手滅遼之後，於靖康二年（1127 年）攻入北宋都城汴梁，虜走了宋徽宗及其兒子宋欽宗，北宋滅亡，史稱「靖康之變」。宋徽宗九子趙構逃至南方建國，史稱「南宋」，南宋紹興十一年（1141 年）金和南宋議和，雙方進入對峙狀態。但北方則落入金人之手，金在新佔領區先後建立了偽楚和偽齊政權，但都得不到人民的支持。

金朝立國不久即發生宮廷變亂，海陵王完顏亮篡位奪權並揮師南征，遭到南宋軍民有力抵抗而進退兩難，陷入戰爭泥潭並被叛軍所殺。金宗室完顏雍趁機稱帝，完顏雍即後來的金世宗。金世宗在位期間金朝政治、經濟發展取得了短期的恢復。但是好景不長，金世宗死後，金章宗及後繼者均非明主，導致國力再次急轉直下。與此同時，出身斡難河流域的鐵木真逐步統一了蒙古草原並於 1206 年稱成吉思汗，建立大蒙古國。蒙古立國後就發動了對金戰爭，金朝在蒙古鐵蹄面前不堪一擊，被迫割地賠款，並遷都避難，但最終仍難以逃脫被蒙古滅國的命運。

蒙古、金與南宋形勢圖（蒙古滅金前夕）

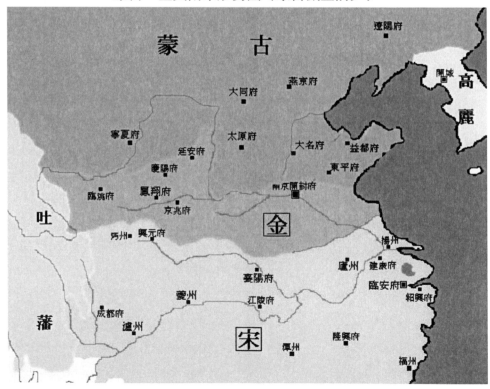

　　社會的動盪和少數民族政權的強大促進了民族融合和文化思想的交流。中國傳統的儒、釋、道三家也從過去的對抗逐漸轉向交流，並互相取長補短，互通有無。就道教內部而言，北宋時期深受皇家崇信的符籙派道教並沒有幫助統治者實現「世祚延永」的目標，反因大量的齋醮損耗了國力，個別道士失寵驕橫，擾亂超綱，更是加速了北宋王朝的滅亡。伴隨著北宋王朝的終結，符籙道教在北方的興盛局面一去不返，全真道、真大道、太一道等新的道派開始興起並逐漸得到發展。特別是旨在「三教融合」「性命雙修」的全真道，在短短幾十年間完成了從道團初創到成為教門顯貴統領天下宗教的飛躍。

　　全真道由王重陽創立於金朝中後期，經過全真七子等後人的傳播和弘教，在明朝時已經與正一道並立為中國兩大道教派別。不僅如此，全真道還分化出龍門派、南無派、華山派等不同派別，其中最顯赫的是宗丘處機為祖師的龍門派和宗郝大通為祖師的華山派。丘處機生前曾擔任全真道掌教，並在古稀之年西觀成吉思汗演道，被成吉思汗稱為「神仙」，其門下弟子人才濟濟，雖經元中期「佛道論爭」之損，但餘勢仍蔚為可觀，所以龍門派的興盛實在情理之中。郝大通生前在全真七子中地位不高，聲明不顯，其所傳弟子人數也不多，所以華山派之興盛實與其弟子王志謹及王志謹的弟子姬志真等人闡發思想、立觀度人、注重維護自身派繫傳承等一系列弘教舉措息息相關。雖然由於教門傳授制度的限制，王志謹未能成為全真道掌教，但是其影響力不容小視，他去世二十年後，王之綱在《玉清觀碑》中寫到：「自長春應召，至誠明主席，五六十年間，非無修心煉性、超世出塵之士，俱未若惠慈利物至德真人，年彌高、德彌高，巍然為一代大宗師也。」〔註1〕

第二節　道教及全真教的發展

　　儘管全真道建立之初號稱融通三教，但在王重陽去世之後，全真道已經被世人當做道教，全真道也基本以道教自視。所以，王志謹的思想是與道教的發展息息相關的。道教的發展是一個不斷分化、融合的過程。在此過程中，道教內部出許多新教派不斷出現、融合、消亡；在外則與佛教和儒教不斷地發生著論戰和對抗，借鑒和融合。

〔註1〕楊訥：《元刻本〈盤山棲雲大師語錄〉及其作者王志謹》，《文獻》，1992 第 1期。

一、道教產生

早在人類歷史之初，日月星辰、天地風雷、山河大地以及祖宗先人就被視為神靈。黃帝時期，人們已經開始祭祀天帝。周時，一個囊括天神、地祇、人鬼的神靈系統和敬天法祖的信仰傳統已經正式形成。戰國時，在燕齊和荊楚地區出現了鼓吹長生成仙的方仙道。方仙道把黃帝和老子奉為祖師。他們主張尋求仙境、仙人和可以讓人不死的仙藥，並倡導祭神、行氣、導引等方術，特別強調服食丹藥可以成仙。這讓方仙道和數術進入道教系統。

道教主幹思想來源於道家哲學，尤其是老子和莊子。老子認為宇宙本體和運行規律不可言說，勉強命名為「道」。道教則將「道」作為萬物本源，並把它人格化，以老子為其化身，並將老子神化為教主和太上老君。道家看重養生，追求長生。老子、莊子提出了一系列養生修道的方法，諸如清靜無為、心齋坐忘、導引守一、見素抱樸等。這些也被道教吸收並作為其複雜的教理教義和修煉方術的主幹內容。

道教作為一種宗教，是由宗教觀念、宗教體驗、宗教行為和宗教組織制度四個基本要素構成的社會實體。作為一種社會存在實體，道教必須履行其道德教化職能，幫助統治者進行神道設教，從而實現與現實政治力量的共存。這一點從早期太平道和天師道一亡一存的命運就可以得到例證。為了進行道德教化，儒家的「禮義廉恥」被道教融攝為宗教道德觀的主幹。不僅如此，道教還將之與長生成仙的最終信仰結合，借神仙之威督促人們奉行。道教還吸收了董仲舒「天人感應、天人合一」的宗天神學，甚至對宗天神學的「副產品」——星象預言、呼神劾鬼等讖緯神學也照單全收。對於墨家，道教不僅吸收了其「尊天明鬼」思想。為方便祭祀天地亡靈，還將「鬼」重新定義——由「人死為鬼」擴大到「天地山川神鬼」。

學界一般以五斗米道和太平道的創立作為道教實體出現的標誌。東漢順帝時（126～144在位），張道陵在蜀中鶴鳴山創立了五斗米道，後改稱天師道。天師道尊老子為太上老君，並奉為道祖，奉《道德經》為經典。後傳至其孫張魯，張魯在漢中建立了政教合一的統治。曹操攻漢中，張魯聚眾而降，曹操厚待之，五斗米道得以保存並流傳。東漢靈帝（168～188在位）時，信奉黃老道的張角創立了太平道。張角為道眾勾畫了「太平世道」，並以《太平經》作為奉持經典。該道宣稱「蒼天已死，黃天當立，歲在甲子，天下大吉」的讖語。張角因此帶領道眾在甲子年（184年）發動起義，因起義軍頭裹黃巾而被稱「黃

巾軍」。後因遭遇地方豪強鎮壓，黃巾軍起義失敗，太平道也從此偃旗息鼓。

　　鑒於農民利用道教組織起義的先例，魏晉時期的統治者對道教採取了拉攏和防範並重的政策。曹操將五斗米道從蜀中遷往龍虎山，既起到了分化目的，也使得五斗米道傳播範圍進一步擴大。與此同時，道教也開始走入統治階層。大批士族知識分子的加入造就了一批天師道「世家」。其中包括道教丹鼎派的重要奠基人葛洪，他所著的《抱朴子》為上層士族道教奠定了理論基礎，並對後世道教的發展產生了很大的影響。士族知識分子的加入還促使了魏晉玄學的盛行以及上清派、靈寶派的出現。

二、改革流變

　　南北朝是道教的改革發展期。寇謙之在北魏太武帝（424～451 在位）支持下，以儒家禮教為準繩，將北魏天師道改革為「北天師道」。北魏分裂後，北周統治者延續了對道教的扶植政策。在北周武帝宇文邕（560～578 在位）的支持下，樓觀道日趨繁盛。在南朝宋文帝（424～453 在位）時期，與上清派、靈寶派和天師道都有淵源的陸修靜將原有天師道改革為「南天師道」。陸所編制的《三洞經書目錄》為日後道教編纂經典確立了「三洞、四輔、十二部」的體例。陸還吸收佛、儒兩家儀式，並結合天師道原有齋儀，建立了以「勸善戒惡」為宗旨的齋醮儀式——九齋十二法。不僅如此，陸還創立了道教服飾制度，健全了道官按級晉升制度。陸修靜和寇謙之的改革使道教規章制度更加系統，教規戒律、齋醮科儀也基本定型。南朝梁時期，茅山高道陶弘景開創了茅山宗。陶吸收儒、釋思想編撰的《真靈位業圖》為道教建立了系統的神仙譜系。在修煉方式上，陶主要弘揚上清經法，主張少私寡欲、形神雙修。

　　道教在隋朝進入轉折發展期。上清派茅山宗借國家統一的時機北上，完成了與樓觀道的融合，為茅山宗成為唐朝道教主流做好了準備。隋朝道教在法術上以符籙為主，也煉製金丹。特別值得注意的是蘇元朗，他從魏伯陽所著的《周易參同契》中發掘闡釋內丹學說，為內丹學在唐朝的迅速發展奠定了基礎。

　　道教在唐朝開始進入鼎興。唐高祖李淵稱帝後，制定了尊奉道教的政策。唐玄宗不僅授予道士皇家特權，還以「四子真經」開科取士，開創了道舉制度。不僅如此，唐玄宗還組織編纂了歷史上第一部道藏——《開元道藏》。這些舉措使道教在當時達到了全盛。唐朝道教最大的貢獻在於重玄學蓬勃發展，並在此基礎上實現了道教的整合和統一。重玄學肇始於東晉時的孫登。「重玄」出

自《道德經》「玄之又玄，眾妙之門」。唐代成玄英解釋「玄之又玄」時說：「有欲之人唯滯於有，無欲之人唯滯於無，故說一玄，以遣雙執。又恐行者滯於此玄，今說又玄，更祛後病。既而非但不滯於滯，亦乃不滯於不滯，此則遣之又遣，故曰玄之又玄」〔註2〕。成玄英此段話基本概括了重玄學的特質。唐朝統治者尊老子為族祖，以國家實力弘揚道教，更是注重道教義理的發展。作為當時天下道學主流的茅山派，對重玄之學也多有闡發。潘師正、司馬承禎、吳筠等茅山派宗師都是重玄學大家。重玄學類似於佛教大成空宗思想，強調雙重否定。修行者先要否定自己心中的滯著，接著要將這個「否定」也否定。通過雙重否定，修行者得以進入難以言說的「重玄之境」。

三、內丹道教

內外丹是道教「以術證道」的主要方式。外丹最初稱作金丹，後為了與內丹區別而被稱作外丹。外丹一般是指以金屬爐鼎為場所，以黃金、鉛、汞等為原料，必要時添加部分植物藥為輔料而煉製的意在使人長生或延年益壽的丹藥。外丹術起源於春秋戰國時代，被道教吸收以後得到長足發展，在唐代達到頂峰。客觀的說，外丹術對於中國的冶煉、火藥製作以及古代化學的發展都起到了非常巨大的推動作用。但其原本應該具有的讓人「長生久視」或者「延年益壽」的效果卻很難讓人信服，反而是致人死命的例子不斷發生。僅在唐朝就有五位帝王因服用外丹而中毒身亡。

內丹和外丹相同之處在於它們都認為人體是宇宙的全息投影，是縮小的宇宙。人體與宇宙雖然大小有別，但都是道的產物，貫穿於其中的道也是相同的。既然宇宙可以因道長存，那麼人也可如此。不同之處在於，內丹是以人體自身為爐鼎，以人體內部的精氣神為藥物而煉製的金丹。根據元代全真道士趙道一《歷世真仙體道通鑒》的記載，馬成子、尹喜等都曾經進行過類似內丹術的修煉。莊子的「心齋」「坐忘」都是內丹術的早期雛形。廣義的內丹道最遲在漢代已經確立。魏晉南北朝時期日益煊赫的重玄學則在教理教義方面為內丹道的盛行起到了極大的推動作用。中唐時，狹義的內丹道從占當時道教主流的上清派存思術中脫胎而成。葉法蘭、羅公遠、僧一行等有意識地將內修養生視為一種煉丹過程，他們的思想構成了狹義內丹道的初始形態。生活在唐末的元陽子內外兼修，他從內丹角度解讀了東漢魏伯陽所著的《周易參同契》，他

〔註2〕〔唐〕成玄英：《道德經義疏》。

開創的內丹道以行氣為基礎，與葉法蘭、羅公遠和僧一行等人基於存思之道的
內丹術有明顯不同。更重要的是，元陽子運用《周易》卦爻解釋丹道，開創了
後世內丹道以易道釋丹道的先河。崔希范在其《入藥鏡》一書中提出要以心為
鏡，身為之臺。他認為精氣神是內丹修煉的三要素，其中精是神和氣的基礎，
精不僅是人體之精，而且在宇宙論的意義上是一切存在之物的基礎。更為重要
的是，崔希范將內丹成為「玄珠」，他認為內修就是要固精結氣以養玄珠，這
一思想奠定了後世內丹道的性功基礎；崔希范在論述內修心性工夫時把精比
作印，主張心印雙修，這就是後世內丹道性命雙修思想的濫觴。

　　唐末及五代時期，受到崔希范影響的鍾離權和呂洞賓開創了鍾呂內丹道。
鍾呂內丹道對各種傳統內修術進行取長補短，對之前的原初內丹道派進行整
合，確立了以「煉精化氣、煉氣化神、煉神還虛」為主要修煉階次的完整而系
統的修煉方法。此外，鍾呂內丹道還將外丹所用的瓊液、神水、金翁、姹女、
金烏、玉兔等名詞進行了內丹學定義。例如，鍾離權用人身五臟即心、肝、脾、
肺、腎解釋修煉外丹時表示方位的青龍、白虎、朱雀、玄武、勾陳。他還將腎
比作內鉛，腎中的真一之水則被解釋為白金、真虎。而心則被鍾離權比作內汞，
心中的正陽之氣被比作汞中內砂，即真龍。鍾呂內丹道繼承了老子對宇宙生成
過程的描述，例如呂洞賓將雙腎看做是老子所說的玄牝之門。

　　煉內丹的過程就是對大道生人過程的還逆，即所謂的「逆之成仙」。但
是，正因為所有的修煉都在人體內部完成，所以內丹在修煉時間和過程上就
有了外丹不可比擬的優勢，即可以將整個過程「縮小」，用更短的時間「複製」
修煉外丹的全過程。崔希范最早提出以時奪日、以日奪月、以月奪年的時間
「攢簇」理論。鍾、呂用十二地支度量整個煉丹過程，並特別重視子、午、
卯、酉這四個重要的變化時刻。後來的張伯端更是據此喊出了「赫赫金丹一
日成」的著名論斷。

　　鍾、呂認為人體所有的器官和構成都是後天的，修煉金丹的原料並不是人
體的心和腎，而是包含於其中的先天之物——正陽之氣和真一之水。這不僅溝
通了人體與作為本體論的道，更成為後來全真道「肉體為假」和「貴陽賤陰」
思想的源泉。總之，鍾呂內丹道是內丹道的相對成熟階段。其所提出的以丹道
參天道的主張，實現了內丹道從「術」至「道」的飛躍。經過施肩吾和劉海蟾
的傳承、發揚，鍾呂內丹道在宋代終於從諸多內丹道派中脫穎而出，全真道也
正是以鍾離權、呂洞賓為法祖。

呂洞賓畫像

　　鑒於郝大通除了王重陽之外，還有其他師承。從其擅長以易圖理論闡釋內丹道這一點來看，學界認為其內丹思想應該與陳搏有關。除了鍾呂內丹道外還必須提到的是陳搏內丹道。張廣保先生認為，陳搏內丹派是早期道教內丹學派中唯一能與鍾呂派抗衡的流派〔註3〕。陳搏內丹學與鍾呂內丹學主要的不同在於：第一，陳搏認為修內丹的藥物存在於上下丹田，而鍾呂則認為存在於心腎。第二，與鍾呂內丹道對傳統道教內修術採取批判的做法不同，陳搏對上清派存思術多有借鑒。為此他特別重視睡眠對於修丹的作用。當然陳搏所指的睡眠是一種深度的靜定狀態，而不是常人所理解的睡眠。第三，鍾呂雖然也用象數易學系統和陰陽五行觀念論述人體系統，但相比之下陳搏更加重利用易學指導修丹。

　　北宋是內丹道長足發展的時期。內丹道在北宋從道教修煉的法術變成民眾的日常生活習慣。期間對內丹道發展貢獻最大的是張伯端，其所著的《悟真篇》被看做是內丹道中可以比肩《周易參同契》的經典。張伯端對鍾呂內

〔註3〕張廣保：《金元全真內丹心性學》，上海：上海文化出版社，2001 年，第 243頁。

丹心性學做了批判性的繼承。他在重新定義真鉛、真汞的基礎上質疑鍾呂「煉精化氣、煉氣化神、煉神還虛」的階次，他認為精、氣都有後天成分，而且修丹的場所——人體本身就屬陰，所以張伯端認為鍾呂修煉所取得的效果值得存疑。於是張伯端重新解釋了內丹修煉的關鍵，即用人體內有限的真陽去招攝先天真一之炁，並使得二者交融，凝為一體，形成金丹。在此基礎上他提出修煉者不僅要對其人體內的鉛汞進行修煉，更要進行心性修煉。這就是張伯端心性學內丹學最大的亮點：「性命雙修」。張伯端並沒有明確「性」「命」的修煉先後，後人對於其「先命後性」的總結是基於《悟真篇》中性功和命功修煉方法的編訂順序，這一點類似於學界對於《道德經》中「道」和「德」前後順序的討論。

　　內丹道教在全真道產生以前，只是依靠修煉者之間的單獨傳授，其所謂的師徒關係也並沒有嚴格的確認制度。全真道借鑒佛教「叢林」出家制度，建立了嚴密的組織形式，使得內丹道學的傳承得到了保障。作為全真道第三代弟子，王志謹的思想也離不開全真道這一「母體」的孕育。

四、全真教的創教及發展

重陽創教

　　宋元明時期是中國哲學發展的重要時期。宋人重視思理，偏愛心性，一些宗教領袖、文人墨客慣於以哲人慧眼掃視生活，使許多文化產品富哲思、含理趣、染禪味，具有沉厚的理性機趣。這種哲思光芒有諸多表現。一類是以日常小景隱喻生活哲理，給人以領略不盡的啟示，如王安石、蘇軾、佛印大師的文章，通過探山記遊所體驗的「入之愈深，其進愈難，而其見愈奇」〔註4〕的經歷，悟出「世之奇偉瑰怪非常之觀，常在於險遠」〔註5〕，這就告訴人們：高深的造詣、光輝的成就，只有不畏險遠奮力前進方能達到。宋代在哲學方面突破了五代以來沉悶墨守的局面，伴隨通經致用，講求義理以及疑古思潮的興起，出現了王安石的新學和以張載、周敦頤、程頤、程顥、朱熹、陸九淵為代表的理學等諸多流派。宋儒諸子融匯各家，援佛入儒，建構成新儒學體系，不僅昇華了抽象思辨，而且高揚士人剛健挺拔的道德理性和節操意識。道家的反觀內省，禪宗的妙語機鋒，則從不同的方面引發了文人的興致，開擴了人們的

〔註4〕段青峰注譯：《唐宋八大家文選》，崇文書局，2009年，第134頁。
〔註5〕段青峰注譯：《唐宋八大家文選》，崇文書局，2009年，第134頁。

思理。這種種因素，陶鈞出宋代文學尚理的特點。《滄浪詩話》即指出：「近代諸公『以議論為詩』。劉克莊論當代詩，有『』或尚理致，或負材力，或逞辨博』之語。李夢陽云『宋人主理，作理語』〔註6〕」。由此可見，重議論、尚思理、觀內省、談心性是宋代文化的重要特色。

宋元之際，傳統道教的發展陷入了危機。這種危機一方面來源於外丹不斷致人喪命的殘酷事實，另一方面則在於傳統道教失去了其「淳淨世風以佐王化」的歷史功能。符籙道教在北宋達到鼎盛，尤以茅山、龍虎山和閣皂山「三山符籙」為代表。北宋道教對齋醮的強調耗費了許多社會財富，更加雪上加霜的是受到宋徽宗寵信的道士林靈素等人借勢禍亂朝綱，引起了官民的一致反感。《甘水仙源錄》卷十寫全真道之前的道教「世既下降，傳之者或異，一變而為秦漢之方藥，再變而為魏晉之虛玄，三變而為隋唐之禳檜，使五千言束之高閣。」〔註7〕

面對傳統道教內外交困的局面，王重陽在金大定年間（1161～1189 年）創建了全真道，意在對傳統道教進行改革。王重陽（公元 1112～1170 年），原名中孚，字允卿，後改名德威，字世雄，入道後又更名喆，字知明，號重陽子，世稱「王重陽」。王重陽是北宋末金初終南劉蔣村人，出生在一個「家業豐厚」的地主家庭，曾舉業籍京兆府學。他本想於仕途謀發展，但生不逢時，當時北宋政權內外交困，邊患頻仍。1127 年，靖康之難發，王重陽所生活的區域淪為金廷統治區。王重陽應金廷的文舉名落孫山，後改試武舉，雖然中舉卻僅被署職酒稅小吏。直到四十八歲時，王重陽仍「文武之進兩無成焉」。他曾對天慨歎：「孔子四十而不惑，孟子四十而不動心，吾今已過之矣，尚且吞腥啄腐，紆紫懷金，不亦大愚之甚乎。」〔註8〕不僅如此他還時有異常之舉，貌似狂人，鄉人稱他「害風」他也不拒絕。

關於王重陽的籍貫，秦志安所著《金蓮正宗記》和李道謙所著的《七真年譜》認為王重陽祖籍咸陽，後遷至終南劉蔣村；而金密國公金源璹《全真道祖碑》中寫到王重陽籍貫為咸陽大魏村。張廣保先生通過對王重陽著作的考察，認為應是劉蔣村，本文在此取其說。〔註9〕

〔註6〕郭紹虞：《滄浪詩話校幾箋》，《人民文學》，1961 年第 5 期。

〔註7〕〔元〕李道謙：《甘水仙源錄》。

〔註8〕〔元〕秦志安：《金蓮正宗記》。

〔註9〕張廣保：《金元全真道內丹心性學》，北京：生活·讀書·新知三聯書店，1995年，第 73 頁。

王重陽畫像

　　金正隆四年（1159 年），王重陽在甘河「遇仙」，得修煉秘訣。第二年，又
在澧泉遇「真仙」，並得秘語五篇。金大定元年（公元 1161 年），王重陽在終
南山築起「活死人墓」潛心修道。兩年後，修道有成的王重陽走出「活死人墓」，
開始在終南山一帶傳教佈道。金大定七年（1166 年）四月，王重陽焚毀在劉蔣
村所住的茅庵，隻身東遊。路過洛陽上清宮時，王重陽在牆壁上寫下：「丘譚
王風捉馬劉，崑崙頂上打玉球。你還搬在寰海內，贏得三千八百籌。」〔註10〕
金大定七年七月十八日，王重陽抵達山東寧海州，山東向來崇道之風濃厚，這
或許是王重陽選擇在此傳教的主要原因。同日，王重陽在范明叔家結識馬鈺。
馬鈺（1123 年～1183 年），原名從義，字宜甫。馬從義從小有道緣，「童時常
誦乘雲駕鶴之語」，長大後「善文字，不喜功名進取。」經過王重陽的一番努
力，馬從義在大定八年（公元 1167 年）二月正式拜王重陽為師，得王重陽賜
名馬鈺，道號「丹陽子」。同時王重陽將自己的名字由喆改為嘉，字由「知明」
改為「智明」，並在馬家南園結庵，字之曰「全真庵」，學術界一般將此看做全
真道正式創立的標誌。王重陽對馬鈺一向以道伴或師弟相待，臨死以前，將全

〔註10〕　〔元〕秦志安：《金蓮正宗記》卷二，轉引自郭武：《王重陽學案》，濟南：齊
　　　　　魯書社，2016 年，第 59 頁。

真秘訣傳與馬鈺，託為全真傳道事業的直接繼承人。馬鈺一系弟子後形成全真道遇仙派。元世祖至元六年（1269），馬鈺獲封「丹陽抱一無為真人」，著作有《洞玄金玉集》《神光集》《漸悟集》等。

　　至於王重陽為何要把新創立的教派命名為「全真」，歷史上眾說紛紜。「全真」一詞最早源於莊子。《莊子·盜跖》寫到：「子之道狂狂汲汲，詐巧虛偽事也，非可以全真也，奚足論哉！」三國嵇康作《幽憤詩》有「託好老莊，賤物貴身，志在守樸，素養全真」〔註11〕的句子。晉代葛洪則要求道徒「含淳守樸，無欲無憂，全真虛器，居平味澹」〔註12〕。當時的「全真」主要是針對保全生命本身而言的，而王重陽的「全真」則有新的意蘊。元代道士趙道一在《歷世真仙體道通鑑續編》中寫到「初，宜甫（馬鈺）夢其南園一鶴從地湧出，師（王重陽）至，同師擇地立庵，師指鶴起處命名『全真』」〔註13〕並沒有其他說明。《金蓮正宗仙緣像》寫到王重陽題名「全真」後作長歌一首「堂名名號號全真，寂靜逍遙子細陳，豈用草茅遮雨露，亦非瓦屋度秋春。一間閒舍應難得，四假凡軀是此因。常蓋常修安在地，任眠任宿不離身。有時覺後尤寬大，每到醒來愈憂親，氣血流轉渾不漏，精神交結永無津。慧燈內照通三耀，福注長生出六塵。自哂堂中心火滅，何妨諸寇積柴薪」〔註14〕並認為這就是「全真」之名的由來。馬鈺有一首《立門戶內持》詞，內容是：「全真門戶，清靜根源。住行坐臥，歸元日用。時時擒捉，意馬心猿。常行無憎無愛，便施恩先復仇冤。下手處煉沖和，修補有漏之園。瑞氣祥光，深處放神水，徐徐自沒溺。紅錦蛇兒雖小，閒覷靈甫兩般，混成一物，現元初性月團圓。懲時節，禮重陽師父太原。」〔註15〕潘雨廷認為這首詞「可總概全真道之一切」〔註16〕。金源璹《全真教祖碑》寫到：「夫三教各有至言妙理，釋教得佛之心者，達摩也，其教名之曰

〔註11〕 《文選》卷二十三，轉引自郭武：《丘處機學案》，濟南：齊魯書社，2011 年，第 5 頁。

〔註12〕 《抱朴子內篇·暢玄》，轉引自郭武：《丘處機學案》，濟南：齊魯書社，2011年，第 5 頁。

〔註13〕 〔元〕趙道一：《歷世真仙體道通鑑續編》卷一，轉引自郭武：《王重陽學案》，濟南：齊魯書社，2016 年，第 526 頁。

〔註14〕 〔元〕劉志玄等：《金蓮正宗仙緣像》「重陽子」部分，轉引自郭武：《王重陽學案》，濟南：齊魯書社，2016 年，第 521 頁。

〔註15〕 《道藏書目提要》，第 240 頁，轉引自王廷綺：《金元全真心學研究》，博士學位論文，中央民族大學宗教學專業，2005 年，第 9 頁。

〔註16〕 《道藏書目提要》，第 240 頁，轉引自王廷綺：《金元全真心學研究》，博士學位論文，中央民族大學宗教學專業，2005 年，第 9 頁。

禪；儒教傳孔子這家學者，子思也，其書名之曰《中庸》；道教通五千言之至
理，不言而傳，不行而到，居太上老子無為真常之道者，重陽王先生也，其教
名之曰全真。屏去妄幻，獨全其真者，神仙也。」〔註17〕可以看出，解釋者大
都融入了自己的修道主張，但也都沒有超出全真道的教義。不論如何解釋，正
如《郝宗師道行碑》的碑文寫道：道家者流，其源出於老莊，後之人失其本旨，
派而為方術，為符籙，為燒煉，為章醮，派愈分而迷愈遠，其來久矣。追乎金
季，重陽真君，不階師友，一悟絕人，殆若天授，起於終南，達於昆備，招其
同類而開導之，鍛鍊之，創立一家之教，曰全真。」〔註18〕王重陽的「全真」
對於傳統道教革故鼎新的作用是顯而易見的。郭武先生認為王重陽所「全」之
「真」應為兩個方面，一是洗百家之流弊而全老子清淨無為之說的「真」，二
是摒棄虛幻而全人體性命之「真」〔註19〕。

七子入道

時過不久，譚處端便慕名造訪。譚處端，原名譚玉，世居寧海，為人慷慨，
識度不凡。弱冠時其父以玉為他取名，後因醉臥雪中，染風痹疾，癱瘓難行，
四處求醫問藥，均無明顯療效。王重陽於大定七年（1167）十月初一日開始在
馬鈺家中坐圜，譚玉於圜中求醫於王重陽。第二天王重陽令他用自己盥洗的水
洗臉，如此月餘，譚的病痊癒，於是譚玉決心拜王重陽為師。當時王重陽並沒
有接納他，直到後來譚妻尋來，譚玉怒而休妻。重陽見譚決心已定，於是收其
為徒，賜其名處端，字通正，號長真子。王重陽去世後，譚處端與馬鈺、丘處
機、劉處玄一起送靈柩歸葬劉蔣村，後在洛陽、磁州等地雲遊修道。馬鈺去世
後，譚接任全真掌教，大定二十五年卒於洛陽朝元宮。譚處端的弟子後傳為全
真道南無派。元世祖至元六年（1269），譚處端獲封「長真雲水蘊德真人」，有
《水雲集》傳世。

大定七年九月丘處機（1148～1227）從棲霞來投王重陽門下。丘處機原名
丘哥，關於其出身，《金蓮正宗記》《歷世真仙體道通鑑續編》等道書稱「最為
名族」「世為顯姓」。《輟耕錄》說「祖父業農，世稱善門。」郭武先生根據《磻
溪集》《終南山神仙重陽真人全真道祖碑》等認為其出身應是《輟耕錄》所稱

〔註17〕陳垣：《道家金石略》，北京：文物出版社，1988年，第450頁。
〔註18〕《正統道藏》洞神部記傳類，轉引自章偉文：《郝大通學案》，濟南：齊魯書社，
　　　　2010年，第271頁。
〔註19〕郭武：《王重陽學案》，濟南：齊魯書社，2016年，第72頁。

的「業農」〔註20〕。王重陽非常喜歡丘哥，不僅收他為弟子，還為他取名處機，字通密，道號長春子。雖然關於其入道過程的記錄不多，但是丘處機卻很可能是最早正式拜入王重陽門下的。趙衛東先生根據李道謙《七真年譜》的記載，認為丘哥在大定七年就月就拜入王重陽門下，而馬鈺直到轉年二月才正式皈依。只是由於馬鈺最早在山東結識王重陽並將其請至家中待以師禮，王重陽在臨終前又將教門託付給他，所以後人將馬鈺列為大弟子。至於丘處機排名第四則是後人按照王重陽去世後馬譚劉丘四人接任全真掌教的順序而定。

大定八年二月，東牟人王處一（1142～1217）前來拜見，請王重陽納自己為弟子。王處一幼年喪父，因此事母至孝。王重陽在全真庵傳道的時候，王處一已在文登牛仙山修道。王重陽收為徒弟後為其取名處一，道號玉陽子。其母也隨之出家，王重陽為其取名德清，道號玄清散人，她也是全真道的第一位女冠。王處一雖不是王重陽最看重的弟子，但他是第一位受到皇帝召見的全真道人，對於全真道的發展起到了至關重要的作用。金宣宗貞佑五年（1217年）王處一去世於聖水玉虛觀，傳有全真教崳山派，元代至元六年（1269）獲封「玉陽體玄廣度真人」，撰有《雲光集》《清真集》等。

大定八年三月，寧海人郝大通（1140～1212）來到昆崳山煙霞洞拜王重陽為師。關於郝大通的名、字與道號，大致有兩種意見。一種是秦志安《金蓮正宗記》的說法，認為郝大通初名璘，號恬然子，自稱太古道人。出家後王重陽賜其法名「大通」，號「廣寧子」。這種觀點著重強調郝大通是王重陽的徒弟，並以其法名、道號為之證。另一種是劉志玄《金蓮正宗仙源像傳》、徐琰《廣寧通玄太古真人郝宗師道行碑》、趙道一《歷世真仙體道通鑒續編》等的說法，認為重陽訓其名為璘，號恬然子；「大通」之名和「廣寧子」之號是後來所得而非王重陽所賜。

關於郝大通身世，《金蓮正宗記》說：郝大通「家世寧海，歷代遊宦，先生朝列之從弟也。事母至孝」〔註21〕。郝大通好易，洞曉陰陽術數之學，慕西漢司馬季主、嚴君平之所為，隱於卜筮。無意仕進，不慕榮華，喜歡環境幽寂之地，又喜歡讀道家黃老、莊列之書。金大定丁亥（公元1167年）秋，王重陽從陝西終南至山東寧海傳教，注意到郝璘有一種超出於常人之外的獨特氣

〔註20〕郭武：《丘處機學案》，濟南：齊魯書社，2011年，第1頁。
〔註21〕〔元〕秦志安：《金蓮正宗記》卷五，《正統道藏》洞真部譜錄類收錄，轉載自章偉文：《郝大通學案》，濟南：齊魯書社，2010年，第275頁。

質，感化其入道。並對郝璘說「勿患無袖，汝當自成」〔註22〕。並為他改名，
賜號恬然子。後來郝璘又逢異人賜名大通，字太古，並道號廣寧子。郝大通後
收范圓曦和王志謹為徒，二人均成為全真一代宗師，尤其王志謹開創了全真盤
山心性學。金衛紹王崇慶元年（1212年），郝大通仙逝於寧海州先天觀，元至
元六年（1269年），獲封「廣寧通玄太古真人」，至大三年（1310年）獲封「廣
寧通玄妙極太古真君」。郝對道教易學和全真心性學有大建樹，留有《太古集》
傳世，其後世傳為全真道華山派。

　　大定九年九月，王重陽率領馬鈺、譚處端、丘處機傳教至掖縣。掖縣人劉
長生聞訊前來拜見王重陽，劉長生就是後來的劉處玄。劉處玄（1147～1203）
字通妙。王重陽仙逝後，劉處玄與馬、譚、丘三人護柩西歸，並在譚處端之後
接任全真掌教職位，開全真隨山派。元至元六年（1269年），獲封「長生輔化
明德真人」，著有《無為清淨長生真人至真語錄》《仙樂集》等。

　　孫不二（1119～1182），孫原是馬鈺的妻子，名富春氏。富春氏終於在馬
鈺出家一年後到寧海州金蓮堂出家。王重陽為其賜名不二，道號清淨散人。王
重陽去世後，孫不二苦修七年，後到伊州、洛州一帶傳道度人。金大定二十二
年（1182年），孫不二逝世於洛陽。孫不二傳有全真清淨派，元至元六年（1269
年），獲封「清淨淵真順德真人」。

全真七子

〔註22〕〔元〕劉志玄等：《金蓮正宗仙緣像》，《中華道藏》第47冊，第61頁，轉載
　　　　自章偉文：《郝大通學案》，濟南：齊魯書社，2010年，第8頁。

需要說明的是：「全真七子」是後來才有的說法，當時主要是丘劉譚馬四人。張廣保先生指出：「七子、七真一詞可追溯到金末元初時期，亦即當王重陽的再傳弟子主教時期。」〔註23〕《終南山重陽祖師仙跡記》中寫到：「密國公瑋贊云：『全真道東，四子傳化。四子謂誰？丘劉譚馬，德其亞者，王郝與孫』」。〔註24〕

在山東的三年中，王重陽不僅招徒，而且不失時機地攜弟子赴文登、寧海、福山、登州、萊州等地弘道。1169年，王重陽帶領馬、譚、丘以及該年拜入師門的劉處玄先後建立了「三教三光會」「三教玉華會」「三教金蓮會」「三教平等會」，加上1168年建立的「三教七寶會」，合稱「三教五會」。在五會之前均冠以「三教」充分體現了王重陽三教合一的傾向。

王重陽創教不久即去世，去世後，其弟子馬鈺、譚處端、劉處玄、丘處機先後接任掌教。王處一雖然沒有接任掌教，但卻於金大定二十七（1187）、大定二十八（1188）年兩次被金世宗召見，使得全真道首次獲得金廷認可。此後王處一又於金章宗承安二年（1197）受金章宗召見並被賜「體玄大師」稱號。

當時，除了全真道之外，北方主要還有真大道和太一道。這些新道派的不斷發展、壯大，特別是它們在下層群眾中日益擴大的影響引起了金統治者的猜疑。金章宗即位之初對這些道派便採取了限制，如明昌元年十一月「以惑眾亂民，禁罷全真及五毗盧」〔註25〕。第二年十月，又「禁以太一混元受籙私建庵室者」〔註26〕。元好問《紫微觀記》在談到全真道的發展時說：「故型業人，翁然從之，南際淮，北至朔漠，西向秦，東向海，山林城市，盧舍相望，什佰為偶，甲乙授受，牢不可破。上之人亦嘗懼其有張角斗米之變，著令以止絕之。」〔註27〕不過，這些新道派所具有的維護金朝統治、緩和社會矛盾的作用，也被金朝所認識，有的重臣出面奏請收回禁令，得到了章宗的同意。

〔註23〕張廣保：《蒙元時期全真宗祖譜系形成考》。
〔註24〕郭武：《王重陽學案》，濟南：齊魯書社，2016年，第513頁。
〔註25〕《金史》，北京：中華書局，1975年，第216頁。轉引自卿希泰、唐大潮：《道教史》，南京：江蘇人民出版社，2006年，第222頁。
〔註26〕《金史》，北京：中華書局，1975年，第219頁。轉引自卿希泰、唐大潮：《道教史》，南京：江蘇人民出版社，2006年，第222頁。
〔註27〕《文淵閣四庫全書》，臺灣商務印書館，1986年，第1191冊，第410頁，轉引自卿希泰、唐大潮：《道教史》，南京：江蘇人民出版社，2006年，第222頁。

長春強教

將全真道推上頂峰的人是丘處機。丘處機是王重陽七大弟子中年紀最輕
的一位，王重陽病逝之後，丘處機隨馬鈺、譚處端、劉處玄等送其靈柩回劉蔣
村安葬。從金大定十四年（1174 年）八月開始，丘處機先後在陝西磻溪和隴州
龍門山隱修苦修十三年。金大定二十六年（1186 年），丘處機回劉蔣村居住。
金大定二十八年（1188 年），丘處機奉金世宗詔至燕京主持「萬春節」醮事，
同年秋回到終南山。金明昌元年（1190 年），金章宗下詔禁罷全真道等，丘處
機只得在第二年回到棲霞，建觀居住。東歸棲霞後，丘處機便改變馬鈺等人注
重在下層社會發展全真道的策略，開始與社會上層人物交往，逐漸影響四播。
金泰和七年（1207 年），丘處機獲得金章宗元妃賜予的《大金玄都寶藏》一套。
金泰和八年（1208 年），金章宗為丘處機居住的道觀賜名為太虛觀。金宣宗貞
祐二年（1214 年）秋，山東地區爆發了楊安兒等人發動的抗金起義，金朝附
馬都尉鎮壓失敗。金廷於是請丘處機出面幫助招安起義者，丘「所至皆投戈拜
命，登州、寧海二州遂定」〔註28〕。這顯示出丘處機的名望及全真道巨大的政
治能量。於是，南宋、金、蒙古三方先後派遣使臣徵召丘處機。考慮到金朝江
河日下，南宋偏安東南，而新興的蒙古則蒸蒸日上，丘處機決定謝絕金和南宋
的徵召，獨赴正在西征的成吉思汗之召。1220 年正月十八，73 歲高齡的丘處
機帶趙道堅、尹志平、夏志誠、王志明、李志常等 18 名弟子離開昊天觀，二
月二十二到達北京。成吉思汗已於 1219 年六月西征花剌子模。丘處機和成吉
思汗的使臣商量後，1221 年春天出發，歷時 14 個月，行程萬餘里，於 1222 年
四月初三到達成吉思汗在今天阿富汗興都庫什山附近的駐地。據《長春真人西
遊記》記載，成吉思汗與丘處機共舉行了 12 次談話，談話內容根據成吉思汗
的旨意未公開，但是後來耶律楚材根據檔案編成了《玄風慶會錄》一書。根據
後來的道書記載，丘處機對成吉思汗主要談了三個方面：一是治國之理即止
殺，二是強身之要即清心，三是教民之法即行孝，核心內容是「止殺」。《元史·
丘處機傳》記載：「先馳表謝，拳拳以止殺為勸」使「濱死而得更生者，毋慮
二三萬人。中州人至今稱道之。」〔註29〕丘處機還為全真道爭取了很大的發展
特權，成吉思汗曾降旨給各路官員：「丘神仙底應係出家門人等隨處院舍，都

〔註28〕〔元〕李道謙：《甘水仙源錄》卷二《長春真人本行碑》，轉引自郭武：《丘處
機學案》，濟南：齊魯書社，2011 年，第 40 頁。
〔註29〕《元史》卷 202，釋老傳。

教免了差發賦稅」。〔註30〕

1224 年丘處機返回燕京，成吉思汗賜其居住大天長觀。此時的丘處機道價倍增，丘處機趁此機會發展全真道。早在西覲東歸途中，丘處機就告訴隨行弟子：「今大兵之後，人民塗炭，居無室，行無食者，皆是也。立觀度人，時不可失。此修行之先務，人人當銘諸心。〔註31〕」丘處機的弟子在此後的三十年間也按照丘處機的指令大建宮觀，廣收門徒。丘處機還命宋德方重修道藏，宋德方與其弟子秦志安、李志全等用時六年，以全真一派之力修訂道藏，新修訂的道藏名《玄都寶藏》，共 7800 餘卷，比《大金玄都寶藏》還多 1400 餘卷，這體現了當時全真道巨大的社會動員能力。當時的全真道「東盡海，南薄漢淮，西北歷廣漠，雖十廬之聚，必有香火一席之奉。」〔註32〕達到了鼎盛時期。

第三節　王志謹的修道經歷

關於王志謹的生平，元朝全真道士李道謙所著的《甘水仙源錄》收有元朝著名儒者、王志謹同鄉王鶚所撰的《棲雲尊師王真人道行碑》，這是對王志謹生平最直接的記載。此外還有薛有諒所撰《棲雲王真人開濬水記》、王之綱所撰《玉清觀碑》等也都有涉及。《棲雲真人王尊師道行碑》寫到：「師法諱志謹，占籍東明之溫裏」〔註33〕；《棲雲王真人開濬水記》則寫到：「公諱志謹，曹州東明人，自幼入道」〔註34〕。可見對於王志謹的籍貫不存在分歧和疑問，都認定王志謹是曹州東明人。

至於王志謹的生卒年，僅《棲雲真人王尊師道行碑》記錄其卒於中統癸亥年，年齡是八十六歲，沒有明確其出生年。碑文寫到：「中統癸亥夏六月己酉朔，晏坐方壺，不語不食，門弟子怪問其故，但閉目凝神，指虛空而已。及沐浴安寢，靜聽不聞呻吟之聲，熟視不睹屈伸之跡，門眾環侍，不敢少離。叱之曰：『汝等各幹自己正事去。』越十有七日乙丑，盤桓枕肱，晏然而逝，春秋

〔註30〕〔元〕李志常：《長春真人西遊記》，黨寶海譯，石家莊：河北人民出版社，2001年，第 133 頁。

〔註31〕〔元〕李道謙：《甘水仙源錄》卷 10，《大都清逸觀碑》，轉引自郭武：《丘處機學案》，濟南：齊魯書社，2011 年，第 50 頁。

〔註32〕《清虛宮重顯子返真碑銘》，轉引自申喜萍：《全真道、玄教在元代發展原因比較分析》，《宗教學研究》，1999 年第 3 期。

〔註33〕陳垣編纂：《道家金石略》，北京：文物出版社，1988 年，第 562 頁。

〔註34〕陳垣編纂：《道家金石略》，北京：文物出版社，1988 年，第 620 頁。

八十有六。」〔註35〕中統癸亥年是元中統四年，即公元 1263 年，根據中國古代以虛歲計算年齡的傳統，王志謹當時應該是八十五周歲，所以他應該出生在金大定十八年（1178 年）。

關於王志謹出家前的生活，王鶚《棲雲真人王尊師道行碑》記載：「家世業農，富而好禮。師生體異，夙有道緣，甫冠將娶，不告而出，徑趨山東。」〔註36〕傳統儒家文化對人出身的最理想設定就是「耕讀傳家」，用「家世業農，富而好禮」來形容王志謹的家世和脾性，體現了王鶚對王志謹的尊重。當然，這類碑文對於主人公難免溢美之詞，其所謂「夙有道緣」很可能就是根據王志謹後來的修道成就和教內地位所做的逆向推定。

王志謹所拜的第一任師父是郝大通。郝大通（1140～1212），山東寧海人，全真七子之一。金大定丁亥（公元 1167 年）秋，王重陽從陝西終南至山東寧海傳教，注意到郝大通有一種超出於常人的獨特氣質，遂心有所動，想感化其入道。郝大通因有母親在世，故等到第二年才拜入王重陽門下。王重陽升霞後，郝大通在沃州苦修六年，之後在河北、山東等地傳道，並先後收有范圓曦、王志謹等門下弟子。金衛紹王崇慶元年（1212 年），郝大通辭世於山東寧海，元世祖至元六年（1269 年），郝大通被褒贈道號「廣寧通玄太古真人」。

至於王志謹拜師郝大通的時間，《棲雲王真人開滧水記》含糊寫到：「自幼入道」〔註37〕；《棲雲真人王尊師道行碑》則寫的比較清楚：「師生體異，夙有道緣，甫冠將娶，不告而出，徑趨山東」〔註38〕。冠禮起源於周代，周制男子二十歲行冠禮，後世雖然在年齡標準上有過變動，但大都遵從了二十而冠的習俗。王鶚在碑文中沒有特別說明，所以應為二十歲，由此可以推出王志謹拜師的時間應為金承安三年（1198 年）。王志謹拜師後就一直跟隨郝大通，直到郝大通在金崇慶元年（1212 年）辭世。

郝大通仙逝後，王志謹開始了長達八年的隻身雲遊。關於這段雲遊，僅《棲雲真人王尊師道行碑》有零星提及。碑文中寫到當時王志謹「壞袖破瓢，首蓬面垢，行不知所止，止不知所為，人役之笑而往，人辱之拜而受，韜光晦跡，

〔註35〕陳垣編纂：《道家金石略》，北京：文物出版社，1988 年，第 563 頁。
〔註36〕陳垣編纂：《道家金石略》，北京：文物出版社，1988 年，第 562 頁。
〔註37〕陳垣編纂：《道家金石略》，北京：文物出版社，1988 年，第 62 頁。
〔註38〕陳垣編纂：《道家金石略》，北京：文物出版社，1988 年，第 562 頁。

未有識其為道者。」〔註 39〕這說明當時王志謹正在苦修，且已經可以忍辱含垢、與人無爭，證明其心性修煉已到了一定的境界，可以做到不被外事外物所動。當時正值戰亂，匪盜眾多，王志謹不幸與之遭遇還差點被吃掉，不過他憑藉自己高深的道行最終脫險。金興定五年（1220 年），王志謹派遣徒弟張志格到薊州盤山興建宮觀，第二年又應薊州同知許公邀請住持盤山、收徒傳道，正式結束了雲遊生涯。盤山位於今天津市薊州區，因傳說齊人田盤在此修道成仙而得名。盤山本是佛教重地，後因佛寺大多被戰火焚毀，才為王志謹在此傳播道教提供了方便。

至於王志謹拜入丘處機門下的具體時間，史料沒有記載。根據丘處機與王志謹當年的行蹤推測應在 1220 年 2 月至 1221 年 2 月之間，即丘處機西觀成吉思汗途中逗留燕薊期間，王志謹在此期間追隨丘處機遊歷並拜入其門下。正因為王志謹拜入丘處機門下，所以清人陳銘珪在所著《長春道教源流》中將王志謹列入丘處機門下。但後世大都贊同劉將孫《汴梁路棲雲觀記》的說法，即「重陽六子，棲雲父郝太古，從丘長春。」〔註 40〕《王志謹學案》認為因先拜師於郝大通，所以王志謹應屬於郝大通一系〔註 41〕。本文贊同王志謹歸屬郝大通一系的結論，但覺得尚可再補入四點理由：

第一，王志謹拜入丘處機門下是因為當時丘處機作為全真七子中唯一的在世者，且影響力巨大。投入其門下既可以抬高道價，又可以整合全真道內部資源。

第二，不能單獨因為王志謹第一個師父是郝大通就將其歸為郝大通門下，這可以通過宋德方和尹志平的例子得到反證：宋德芳原為劉處玄弟子，曾蒙王處一指點，最後又投於丘處機門下；尹志平更是初師馬鈺，後又拜在劉處玄、丘處機門下，也曾蒙王處一、郝大通傳授道法，可以說是學宗五師，但二人最終都被看作是丘處機弟子。可見拜師先後並不是評判的唯一標準。

第三，在王志謹的弟子徐志根請人撰寫的《廣寧通玄太古真人郝宗師道行碑》中言「棲雲之所以表見於世者，獨非先師太古之澤也歟？」〔註 42〕這被後人看作是應把王志謹歸入郝大通門下的直接證據。正如前文所言，王志謹拜入

〔註 39〕陳垣編纂：《道家金石略》，北京：文物出版社，1988 年，第 562 頁。
〔註 40〕陳垣編纂：《道家金石略》，北京：文物出版社，1988 年，第 646 頁。
〔註 41〕趙衛東、王光福：《王志謹學案》，濟南：齊魯書社，2015 年，第 21 頁。
〔註 42〕李道謙：《甘水仙源錄》卷二，《道藏》，第 19 冊，文物出版社、上海書店出版社、天津古籍出版社，1988 年，第 738 頁。

丘處機門下本就有形勢使然的成分，加上王志謹一向注重維護自身一系的宗派傳承。丘處機去世後，考慮丘處機門下弟子眾多且不乏尹志平、李志常、宋德方等道名隆盛者，王志謹強調自己屬於弟子相對較少的郝大通門下顯然更有利於維護其盤山派的獨立性。畢竟見於史冊的郝大通弟子僅王志謹和范圓曦兩人，而丘處機門下弟子則近二十人〔註43〕。

　　第四，元憲宗時期曾連續發生兩次佛道辯論，全真道兩次都在辯論中敗北，所受打擊沉重，作為當時全真道主流的丘處機一系恐怕更是首當其衝。徐志根自認郝大通為宗師，恐怕也有自保的考慮在內。

　　丘處機西覲成吉思汗後，在元太祖十九年（1224 年）奉旨入住天長觀。當時天長觀年久失修，於是丘處機命王志謹負責重修。天長觀是金代皇家道觀，當年王處一、丘處機受金世宗徵召時也曾住於此，丘處機讓王志謹負責重修天長觀充分表明了對他的器重，王志謹也不負所託，圓滿完成了任務，經過一番營建，天長觀「層簷峻宇，金碧爛然。方丈廬室，舍館廚庫，負然一新。凡舊址之存者，閣不畢具。」〔註44〕

　　除了個人雲遊八年中不被後世注意的傳道活動外，王志謹的傳道經歷主要分為兩個時期：一是主持盤山時期，王志謹借丘處機的影響，大開教門、廣收弟子，聲名鵲起。二是丘處機辭世後，王志謹南赴汴梁，興建朝元宮並以之為根據地，創建宮觀網絡，濟世度人，進一步壯大自身一系的力量。

　　毫無疑問，追隨丘處機北遊燕薊有利於王志謹傳道事業的開展。丘處機委託王志謹修復天長觀體現了對其極大信任，後又接受王志謹的邀請在盤山作黃籙大醮並為棲雲觀題名，《盤山棲雲觀碑》云：「丙戌春，疏請長春真人作黃籙醮事，真人題其額曰棲雲觀焉。〔註45〕王志謹「棲雲子」的道號也可能由此而得。得到丘處機支持的王志謹趁機展開傳教活動，招收了很多後來頗有成就的弟子，如崔志隱、管志道、董道亨等。丘處機辭世後，王志謹離開盤山前往汴梁，在王重陽升霞之地興建朝元宮。能夠在王重陽升霞之地興建宮觀，說明當時王志謹已經在全真道內地位具有很大的影響力，正如《棲雲真人王尊師道行碑》所形容：「車轍所經，願為門弟子者動以千數。達官著姓，白雯黃童，

〔註43〕卿希泰、唐大潮：《道教史》，南京：江蘇人民出版社，2006 年，第 229 頁。

〔註44〕王宗昱編：《金元全真教石刻新編》，北京，北京大學出版社，2005 年，第 110頁。

〔註44〕姬志真《雲山集》卷七，《道藏》，第 25 冊，文物出版社、上海書店出版社、天津古籍出版社，1988 年，第 414 頁。

山林緒素之流，閭閻籌總之子，莫不羅拜於前」〔註46〕。傳道事業的迅速發展，加上有意營造自己傳法派系的做法，使得王志謹這一系不斷壯大，《盤山棲雲觀碑》的記載也證實了這一點，碑文寫到：「丁亥秋真人升霞之後，大師由是率眾南邁，所過者化，郡縣郊迎，隨立宮觀，創新葺故者不可勝數，皆其門弟所主也。〔註47〕

王志謹的傳道過程閃爍著可貴的人本思想。他曾說「凡隸玄門，皆太上之徒，吾之昆季也。〔註48〕」之所以學道之人沒有高下之別，是因為王志謹認為「道性人人具足，奚分長幼乎？〔註49〕」在傳道中他也堅持對修道者一視同仁，從不因為出身、職業、貧富等對弟子有所區別。王鶚曾向王志謹詢問，為何其年已八十，仍為度化信眾四處奔走，王志謹說：「我全真者流，不敢失前輩遺囑，富貴者召之亦往，貧賤者召之亦往；一日十請亦往，千里來請亦往。」〔註50〕他秉承全真道先輩傳道化人的初心，即便年事已高，仍然不辭辛勞。王鶚又擔心其所接觸之人多不知底細，擔心他遇到凶頑之人，王志謹答：「全真化導，正在此耳。使朝為盜跖，暮為伯夷，則又何求？〔註51〕」他說全真化導的價值就在於勸惡從善，讓惡人改過自新更能體現自己傳道的價值。以人為本還體現在王志謹質樸的傳道語言中。《盤山棲雲王真人語錄》序言稱王志謹的語錄「誠為初機學道者之指南也。」〔註52〕雖然王志謹簡單樸素的語言風格可能與其本人不具備高深的文化水平有關，如楊訥先生就認為：「王志謹是全真教的第三代任務，他同他的前輩一樣出身於富家，但在文化素養上遠不如他的前輩。」〔註53〕但我們更應該看到這種語言風格也體現了王志謹對大道至簡的理解和踐行，而且也是對全真教當時發展趨勢的一種適應。經過王重陽和全真七子的艱苦創業，全真教由弱到強，影響逐步擴大，尤其是丘處機西行覲見成

〔註46〕陳垣編纂：《道家金石略》，北京：文物出版社，1988年，第562頁。
〔註47〕姬志真《雲山集》卷七，《道藏》，第25冊，文物出版社、上海書店出版社、天津古籍出版社，1988年，第414頁。
〔註48〕陳垣編纂：《道家金石略》，北京：文物出版社，1988年，第563頁。
〔註49〕陳垣編纂：《道家金石略》，北京：文物出版社，1988年，第563頁。
〔註50〕陳垣編纂：《道家金石略》，北京：文物出版社，1988年，第563頁。
〔註51〕陳垣編纂：《道家金石略》，北京：文物出版社，1988年，第563頁。
〔註52〕論志煥編：《盤山棲雲王真人語錄》，《道藏》，第23冊，文物出版社、上海書店出版社、天津古籍出版社，1988年文物出版社、上海書店出版社、天津古籍出版社，1988年，第718頁。
〔註53〕楊訥：《元刻本〈盤山棲雲大師語錄〉及其作者王志謹》，《文獻》，1992第1期。

吉思汗以後更是發展迅速，弟子規模也飛速擴張。面對人數眾多、知識水平和修道水平參差不齊的弟子，王志謹用盡可能樸素易懂的語言進行傳教也是形勢所需。歷史也已經證明：簡單質樸的語言非但沒有掩蓋王志謹特色鮮明的心性理論和豐富的傳道思想，更促進了他的傳道活動。

據統計，王志謹及其弟子興建的道觀至今可考者 40 多處，至今有名可查的弟子有 170 餘人。王志謹的弟子中需要特別提到的是姬志真，他將郝大通、王志謹的心性學說發揚光大，最終確立了盤山派心性學，並使之與丘處機、尹志平一系的龍門派心性學一起樹立了全真道南北合流之前的心性論第一個高峰，為整個全真道心性學的發展做出了貢獻。王志謹的再傳弟子無法計數，其中孫履道打破了丘處機和馬鈺派系弟子輪流出任全真掌教的傳統，成為了全真掌教。

第四節　王志謹的思想記錄情況

最能夠反映王志謹思想的著述應該是其弟子記錄王志謹傳道言行的冊子，即《盤山棲雲王真人語錄》。該語錄現存有三個版本，分別是：

第一，北京圖書館所收藏的元至元三十一年（公元 1294）年本，名為《盤山棲雲大師語錄》，前有黃祖太序言，共收語錄 96 條。

第二，《正統道藏》太玄部和《道藏輯要》昂集九所收錄的《盤山棲雲王真人語錄》，前有門人論志煥於蒙古定宗二年（公元 1247 年）所撰寫的序言，署名為「門人論志煥編次」，共收語錄 102 條。

第三個是《正統道藏》洞真部「修真十書」卷五十三所收錄的《盤山語錄》，共收語錄 96 條。

從以上版本可以看出，該語錄最遲應出現在蒙古定宗二年（公元 1247 年），當時王志謹已將其傳道的主要場所由盤山轉移到了汴梁朝元宮。

《正統道藏》太玄部和《道藏輯要》昂集九所收錄的《盤山棲雲王真人語錄》有序文一篇，全文如下：「夫瞽者無以與乎青黃之色，聾者無以與乎管籥之音，豈惟形骸有如此哉？而心智亦有之。若夫本分天真，人皆具足，奈以積塵所昧，正眼不明，逐色隨聲，尋蹤覓跡，沉淪惡道，浩劫千生，摸竹管為陽光，擊銅盤為日影，不逢宗匠，皂白奚分？滯句執文，轉增迷惑，是以棲雲老師不得已應病施藥，剔耳挑聾，摩睛刮翳，冀得人人徹視，各各開聰，見見聞

聞，灑灑落落，咸歸正道，不逐亡羊也。門下劉公先生從師有年，密記老師之警欬，裒以成集，約百餘則，誠為初機學道者之指南也。命工鋟梓，以廣其傳。孤峰道人亦得與其徒末。行者見而喜之，乃齋沐而敬，為之題辭。時丁未正月元日門人論志煥謹序。」〔註54〕對於目盲之人，無法與之分享不同的顏色；對於耳聾之人，無法與之分享樂器的聲音。難道只有形體會殘疾嗎？心智殘疾的人也有啊！每個人都天性純真，道性具足，可惜世人被積塵夢寐了心智，失去了智慧的眼光，追逐聲色，沉淪惡道之中，於是產生了諸多劫難。這些人以為竹管是陽光，銅盤是太陽，如果遇不到大師指點，他們又如何能夠分別是非黑白呢？如果對他們只是一味進行理論說教，就只能是進一步增加了他們的迷惑罷了。所以棲雲大師對他們對症下藥、分別指導，以期讓他們恢復耳聰目明的狀態，進而心性灑脫，回歸正道，不至於迷失。棲雲大師門下的劉公先生追隨大師多年，秘密地記錄下了大師對弟子們進行的教誨，並集結成冊，共一百餘條，這一百餘條稱得上是初機學道者的指南。於是令工人印刷成冊以便流傳更廣，孤峰道人也參與其中，有行者見了冊子非常歡喜，專門齋戒沐浴以表達對冊子的尊敬，並為冊子題詞。門人論志煥在丁未年正月十五為冊子作序。

通過這篇序言可以知道語錄的作者、產生時間及產生過程，還可以看出語錄產生的目的，即為了指導初來學道之人。這也決定了該語錄的語言風格不會太過高深難懂。

除了這篇序言外，北京圖書館所收藏的元至元三十一年本《盤山棲雲大師語錄》也有一篇序言：「達摩西來，不立文字，盤山老子，忒煞諄諄。二聖本不殊途，何乃一言一默？蓋即心是佛，無言可傳，而垂世立教，無言不傳。盤山老師慈憫眾生業識茫茫，長劫受苦，故設為問答，以開啟後學而擊包蒙也。祖師經傳明白無過於此，其為慈悲也至大矣。然譬如盲人遠途求醫，雖憑杖策，實用自行，方達醫所，目明之後則所策之杖本不相干，一無所用。以此觀之，後之學者亦不過以此以為杖策云耳。至於成佛做祖，須是自己份上著些工夫。若但博覽廣記。以為藤葛，誠恐無常到來，一帙書記於我全無寸補。觀者必須究竟老師之言，勇志力行，則老師地位亦何難到。要見老師麼？深院沉沉春夜長，梨花月靜啼鵑寂。時至元甲午浴佛日昭陽珠月子黃祖太謹序。」〔註55〕達

〔註54〕論志煥編：《盤山棲雲王真人語錄》，《道藏》，第23冊，文物出版社、上海書店出版社、天津古籍出版社，1988年，第718頁。

〔註55〕趙衛東、王光福：《王志謹學案》，濟南：齊魯書社，2015年，第40頁。

摩從西方來中國傳法，主張以心傳心不立文字，盤山棲雲真人卻教誨諄諄。佛道本是一家，為何一個主張言語教導一個主張沉默呢？大概禪宗認為每個人心中都有佛性，因此不需要言語教戒；而全真道要在世上傳教就必須盡可能多的傳播教義。盤山棲雲大師慈悲，他憐憫眾生在迷茫中造業，飽受輪迴劫難，因此用問答的方式開啟後人的心識。棲雲大師不僅精通以往的大師經典，而且還非常慈悲。然而，去遠處求醫的盲人，他雖能借助拐杖行走，但更多依靠的還是自身的努力，眼睛一旦治癒就不會繼續使用拐杖了。由此看來，後來學道的人也不過是拿棲雲大師的語錄做拐杖而已吧，至於能否成為高道，就更是要看自己的工夫了。如果只是一味的記住大師的說教理論，以為這就是修道的繩梯，恐怕臨死關頭，再多的文字也沒有幫助。所以，學習語錄的人要學透大師話語背後的深意，勇於身體力行，如果真能如此，也不是沒有機會取得大師這樣的成就啊！想知道該去哪兒追尋大師的精神嗎？就在那深深春夜下的庭院裏，在那月下伴著梨花的杜鵑啼叫中。至元甲午年浴佛日昭陽宮珠月子黃祖太謹為作序。

元朝一共有兩個至元年號，一個是元世祖忽必烈的至元年號，從甲子年開始使用了三十一年；還有一個是元惠宗的至元年號，從乙亥年開始用了六年；所以此處的至元應是忽必烈的至元年號，甲午年即至元三十一年，公元 1294 年。浴佛日又稱浴佛節，即每年的農曆四月初八，因此可以知道此序文作於公元 1294 年農曆四月初八。序文作者是昭陽宮珠月子黃祖太，黃祖太的身份我們不得而知。《王志謹學案》根據他稱呼王志謹為老師推測他是一名全真道信徒，[註56] 本文對此持同意意見，並再補充一點理由：序文開頭對王志謹「盤山老子」的譽稱和文末的「謹」字證明作者對王志謹的恭敬態度，在當時佛道紛爭，且全真道受到打壓排擠的情況下尚能如此尊敬王志謹的，應該是全真道士，甚至可能是王志謹一系的全真道人。至於他提到「達摩西來」「佛道本是一家」並用浴佛日計時則一方面由於全真道本來就主張三教合一，另一方面可能也是一種自保手段。

關於王志謹的著作，元彭致中集《鳴鶴餘音》卷一還收錄有署名「盤山真人」所撰的《金人捧露盤》，唐圭璋先生所編《全金元詞》也將其收錄於內，並署名王志謹。[註57] 全詞如下：

〔註56〕趙衛東、王光福：《王志謹學案》，濟南：齊魯書社，2015 年，第 41 頁。

〔註57〕趙衛東、王光福：《王志謹學案》，濟南：齊魯書社，2015 年，第 47 頁。

「喜樂山村，風月知音，信任歲華交換。終日掩柴門，處幽軒，閒看古書情倦。住坐從容，獨行獨步，都把聲名斷。抱守元陽，情忘境滅，氣神和沖，升沉無礙，玉爐煉至寶，欲結清涼，重生溫暖。寂寂空空，沒空色養，真源返樸，默默熟慣。靜靜與清清，覺心猿意馬，沒絲毫亂。放曠無構，悉情散誕。自在道遙，行滿與功成，得無生，盡他烏兔走，飛騰休管。世情遠。修真之士休宜晚。」

張朝范先生在《〈全金元詞〉校讀》中考證認為《金人捧露盤》是《金童捧露盤》詞牌之誤。他寫到：「王志謹『喜樂山村』詞，一百三十九字仄韻。《金人捧露盤》用平韻，字數最多者八十一字，顯然王氏詞與詞牌不符。有名《金童捧露盤》者，乃《玉女搖仙佩》之同調異名⋯⋯『喜樂山村』詞，大體與此調相符。志謹乃全真道人，道家詞時有與俗家同調而字數參差者，愚意此首詞牌乃《金童捧露盤》之誤。〔註58〕」

〔註58〕張超範：《〈全金元詞〉校讀》，《文獻》，1996 年第 3 期。

第三章　慈以利物儉律身，修身練性脫凡塵——王志謹心性思想的基本主張

　　由於中國傳統文化始終追求「天人合一」境界，時刻關注主體與客體的關係，盡最大努力做到個人與周圍環境的和諧共存，物我兩利。那麼如何看待個人與周圍世界的關係、如何安頓個人的心理追求、確立什麼樣的人生價值等問題就顯得格外重要。衡量一位哲學家或者哲學流派對中國哲學的貢獻，就要看其心性論建構得是否圓融、是否被世人所接受、社會影響如何。心性問題是王志謹思想的核心，王志謹立足王重陽和全真七子尤其是丘處機、郝大通的心性思想，借鑒兩宋理學和禪宗心性論，建立起了以心為基點，本心、真性和道三位一體的心性思想體系，由此奠定了其在全真道乃至金元以後道教思想史上的地位。

第一節　道心即性　體若虛空

　　道家，顧名思義，其一切理論無不是圍繞道而展開的。道既是世界本源，也是本體，同時還是天地萬物之本性，也是人安身立命和治國安邦的根本依據。道是道家心性論的基礎和根據，羅安憲甚至認為，道家心性論不過是其道論的組成部分。萬物稟道而生，稟道而成。道在具體物上之彰顯，即為德。德者，得也，即得自於道。德內化於人，即為人之性。由道而德、而性，即是由一般而具體。性不是別的，正是道在具體物上之現實顯現，由此，性亦可謂之

曰「道性」。人之性，即人天然之性、本然之性，亦即人之天性。性是天道在人身上之具體顯現。性是指人之先天的、本然的，心則是指之後天的、實然的方面，亦即人之主觀的精神，或是人之精神的主宰。由性而心，即是由先天向後天的落實。人之性必顯於人之心，由人之心，亦可見出人之性。由道而德、而性、而心，進而至於情。性、心、情三者既有聯繫又有區別。

全真道心性論的發端者是王重陽，再經過全真七子的繼承與發展，最後由尹志平和王志謹承前啟後，開創了道教心性思想的第一個高峰。與禪宗和理學不同，全真道探討心性問題並不是為了建構圓融的理論體系，而是為了用來指導內丹修煉實踐。心性論是全真道進行內丹修煉、最終實現證道、得道的理論基礎；同樣，全真道心性論也是通過內丹修煉理論的闡述而得以表現的。正因為其與內丹聯繫如此緊密，才被張廣保先生稱為「內丹心性學」。

王重陽雖然號稱融通三教，但是仍然以道為其心性思想的最高概念，他曾在詩中寫道：「遵隆太上五千言，大道無名妙不傳。一氣包合天地髓，四時幹運步辰玄。五行方闡陰陽位，三耀初分造化全。窈默昏冥非有說，自然秘密隱神仙。」〔註1〕在這首詩裏王重陽提到了與內丹道教修煉有關的諸多概念，如道、氣、四時、五行、陰陽等，但是這些概念的統領是道。王重陽身後，馬鈺以清淨無為掌教，他認為清淨是道的本來特徵，也是全真道的修煉原則。他解釋清淨說：「清為清其心源，淨為淨其氣海」〔註2〕。馬鈺之後接任掌教的劉處玄和王處一認為虛才是道體的基本特徵，清淨和虛都表示道體的湛然、空寂狀態，三者對道的看法差別並不大。繼承鍾呂內丹道教思想的全真道將人比附天地，並以人體的膈膜之上為天，又稱之為心液；膈膜之下為地，又稱之為腎氣。只有靠清淨工夫，才能使在上的心液下降，在下的腎氣上升，交融而結丹，這就是所謂的「顛倒陰陽」。馬鈺、劉處玄和王處一等認為「道是清淨」也是對於天地狀態的一種臨摹。當然這與當時全真道的發展狀況也是分不開的，初創不久的全真道還沒有得到統治者的足夠認可和支持，道徒們只能降低對物質條件的要求，盡可能地過艱苦樸素的苦行生活。正如尹志平所歸納的那樣，馬鈺掌教時的全真道發展方針可以歸納為「清靜無為」，其心性修煉也大多都是強調要降低欲望、煉心制念以返璞歸真。

丘處機執掌全真道，尤其是西覲成吉思汗東歸後，全真道心性思想發生了

〔註1〕郭武：《王重陽學案》，濟南：齊魯書社，2016年，第188頁。
〔註2〕王頤中：《丹陽真人語錄》，上海：上海古籍出版社，1990年，第5頁。

重大改變。丘處機心性思想與全真其他派別心性論的最大不同就是不再以心
為核心地位，而是將道作為終極概念。他們將心性問題的討論最終都歸結為
道，並且以道為出發點開出了「內功」和「外行」兩條修煉路線。正如丘處機所
說：「修真慕道，須憑積功累行，若不苦志虛心，難以超凡入聖。或於教門用
力，大起塵勞；或於心地下功，全拋世事。並克己存心於道，皆是致福之基」。
〔註3〕可見，丘處機認為修煉無非兩條路，要麼積功累行，要麼心地下功。

　　王志謹的師父郝大通對其心性思想的影響顯而易見。正如王志謹高徒姬
志真所歸納的那樣，全真盤山派的心性學思想有其鮮明特點：用「重玄向上」
指明道體，說明只有明心見性才能達到虛無道體；用「無為清淨」概括工夫，
說明修持必須降心去欲，呈現本心真性；用「法相感應」說明日常應物，指出
只有在日常事務中才能感應恒常道性。」郝大通在《太古集》中說：「虛無之
神，統御萬靈。先天地祖，運日月精。列光垂象，造物變形。推遷歲紀，應用
生成。」〔註4〕他認為道是虛無之神，道生一元之氣，一元之氣化為陰陽之氣，
並在此基礎上沖和而生萬物。這是對老子「道生一、一生二、二生三、三生萬
物」〔註5〕過程的解釋，也體現了郝大通認為道是宇宙萬物的生成原因，以得
道證道為其心性思想的最終落腳點。

　　王志謹對道進行了更為詳細的闡釋。《盤山棲雲王真人語錄》記載：「或問
曰：修行之人如何得清靜？答云：心不逐物謂之安心，心不受物謂之虛心，心
安而虛便是清靜，清靜便是道也。」王志謹首先也認為道是清淨，而且清淨還
是修道的要求，即所謂「心清意靜天堂之路，心慌意亂地獄之門。」既然道是
清淨的，人也追求道的這種清淨狀態，那就該摒除外界聲色的干擾，尤其是要
剔除心頭原本存在的念慮和欲望，正如語錄記載：「問曰修行人多說除情去欲，
此以上更有甚麼？答云：除了情，到無情，除了欲，到無欲；無情無欲底，則
汝道這個是甚麼？」可見，王志謹認為修道的第一步就是除去情慾對心的影
響，使心回到本來清淨狀態，因為心只有恢復本來清淨才能更接近道的狀態。

　　在儒家看來，天地是仁愛的化身，天覆地載使得萬物得以春生夏長，這就
是天地仁愛的體現。而在道家看來，天地只是道的化生物。道化生為天地，進
而通過天地承載萬物是自然而然的，無目的、無用心的，所以道的本性就是自

〔註3〕丘處機：《長春丘真人寄西州道友書》，見趙衛東輯校《丘處機集》，第142頁。
〔註4〕郝大通：《太古集》卷四，《道藏》，第25冊，文物出版社、上海書店出版社、
　　　　天津古籍出版社，1988年，第879頁。
〔註5〕王弼注，樓宇烈校釋：《老子道德經注》，北京：中華書局，2011年，第120頁。

然無為。正如王志謹所說：「無為者天道也，有為者人道也。」可見他同馬鈺、劉處玄等人一樣，認為道是自然而然、清靜無為的。

不過，王志謹對於道的看法並不僅限於清淨和無為，他對全真道前輩的超越就在於他沒有輕易地對道進行肯定性的表述。因為任何對某物「是」什麼的肯定性表述，都意味著此物「不是」其他物。王志謹對於這一點有深刻的認識，所以他堅持道是不可定義、不可言說的。《盤山棲雲王真人語錄》記載：「或問曰：若到清淨無為處，是徹也未？答云：此以體言，似是而非也。至於端的處，則不可言，不可思，不可以知知，不可以識識，妙絕名言，方始相應，不即動靜，不離動靜，豈可以無為清靜而定之哉？」他在此不僅繼續將道分為體、用兩個範疇，而且在馬鈺等清淨派心性思想的基礎上更進一步，不再簡單地用清淨或者無為來限定道，而是指出道不可言、不可思、不可以知識去認知，也不能用言語去表達。事實上，道是道家、道教心性論的終極實體，也是本體性存在，還是道教修煉者修煉的根本依據。既然是本體，道就不可能被簡單地用言語加以概括，將道定義為清淨或者無為難免會掛一漏萬。修煉者如果執著於脫離情慾而追求清淨就會陷入新的執念之中，是典型的「破有不破無」。道是世界本體，本身就不可言說思議。《老子》開篇就說「道可道非常道」，反對以具體事物或者言辭對道進行定義。《莊子》主張「得意忘言」，也反對從言語上對道進行定義和限制。應該說，王志謹在這裡反對以「清淨」來定義道是因為他接受了重玄學和佛教「不可說」思想的影響，實現了對老莊本義的回歸，也提升了道教心性思想的抽象思辨水平。

由於全真道在丘處機西覲歸來之後的「貴盛」，弟子規模突飛猛進，在人員構成上也是五花八門。很多初學道者因為始終得不到王志謹對道所做出的描述，引起了疑惑，《盤山棲雲王真人語錄》記載：「時師在盤山普說云：大凡初機學道之人，若便向言不得處，理會無著落、沒依倚，必生疑惑，為心上沒工夫便信不及，信不及則必不能行，行不得則胡學亂學，久而退怠。」所以王志謹只能借用禪宗的方法，對道進行比喻性的描述。他說：「今且說與汝等眼前見得底、耳裏聽得底、信得及處行去，從粗入妙，亦不誤汝，雖是聲色，便是道之用也。如何是信得及處？汝豈不見許大虛空及天地日月山水風雲，此不是眼前分明見得底？便是修行底榜樣，便是入道底門戶也。且如雲之出山，無心往來，飄飄自在，境上物上掛他不住，道人之心亦當如此。又如風之鼓動，吹噓萬物，忽往忽來，略無凝滯，不留影跡，草木叢林礙他不住，劃然過去，

道人之心亦當如此。又如大山，巍巍峨峨，穩穩當當，不搖不動，一切物來觸他不得，道人之心亦當如此。又如水之為物，性柔就下，利益群品，不與物競，隨方就圓，本性澄淡，至於積成江海，容納百川，不分彼此，魚鱉蝦蟹盡數包容，道人之心亦當如此。又如日月，容光必照，公而無私，明白四達，晝夜不昧，晃朗無邊，道人之心亦當如此。又如天之在上，其體常清，清而能容，無所不覆，於彼萬有，利而不害，道人之心亦當如此。又如地之在下，其體常靜，寂然不動，負荷萬物，無黨無偏，道人之心亦當如此。又如虛空廣大，無有邊際，無所不容，無所不包，有識無情，天蓋地載，包而不辨，非動非靜，不有不無，不即萬事，不離萬事，有天之清，有地之靜，有日月之明，有萬物之變化，虛空一如也，道人之心亦當如此。道同天地，其用若此，體在其中，工夫到日，自然會得，動用合道，自有主者。若便覓言思路絕處，則失之矣。既入玄門，各宜勉之。」

王志謹在此先用自然界可以見到的天、地、風、月、山、水、雲等自然物表徵道的特徵：澄澈、無私、靜定、包容、無礙等，最後他又進一步用虛空總結道的特點：無所不包、非有非無、不動不靜，不即萬事不離萬事等，從而說明道雖然不可具體定義，但絕不是不存在；相反道是確定無疑、具有無限可能性的存在。

全真道受到隋唐重玄學的影響，將道生成萬物的過程看作是道體的「從本降跡」，而求道證道的過程則是從道用出發的「返跡歸本」。道降跡於人，人稟受道的器官是心，因為稟有了道，人的心也不再只是單純的血肉器官，而是有了性即「道性」，心也隨之成了「道心」。正如王志謹所說：「只這形骸裏一點靈明，從道里稟受得來，自古及今，清淨常然，更嫌少甚？」他認為人的形骸肉體所稟受的道是自古至今一直都在的，這清淨常然的道已經足以讓人重新回到自在理想的狀態了。

在被弟子問到：「視聽食息手拈足行心思，此是性否？」王志謹回答：「道性不即此是，不離此是。動靜語默，是性之用，非性之體也。性之體，則非動非靜，非語非默。古人有言：『大道要知宗祖，不離動靜語默。』若認動靜語默，便是認奴作主。主能使奴，奴豈是主哉？一切抬手動足，言語視聽，千狀萬態，及良久不動，皆是奴僕，非主人也，主人堂上終不得明示於外，然得其用使者則自承當作主人矣。」體用範疇是中國哲學重要範疇之一，重玄學關於道體與道性有深刻而詳實的討論。重玄學者將老子的道生成論發展為道本體

論，認為道體是獨立於時空之外不可言說、不可以理智思量的永恆存在，也是世間萬物成壞住空的根本依據。王志謹本條語錄從心性論的角度再次解釋了道性與道體的關係：道體是主人，它「非動非靜，非語非默」，它的存在是通過它的僕人即道用如抬手動足、言語視聽等來體現的。修道之人可以通過道之用來明確道之體的存在無疑，就如同可以通過僕人而瞭解主人。在心性論中，心是主人，是體，因為道性存於心中，而「聽食息手拈足行心思」都是心之用。因此，王志謹說：「其靜則體安，其動則用正，不縱不拘，無晝無夜，絲毫不昧，常應常靜，平平穩穩，便是真常之道也。」《道德經》開篇說「道可道，非常道」，唐朝重玄學大師王玄覽據此創造性地把道分為「可道」和「常道」，並認為「常道」是道之體，「可道」是道之用。王志謹在此將道也分為體用兩個範疇，並認為道體的特點是安定、堅穩，如如不動；而道用的特點則是澄淨不昧，應事無礙，這也是他受到重玄學影響的結果。《三國志・魏書・鍾會傳》注引何劭《王弼傳》曰：「何晏以為聖人無喜怒哀樂，其論甚精，鍾會等述之。弼與不同，以為聖人茂於人者神明也，同於人者五情也。神明茂，故能體沖和以通無；五情同，故不能無哀樂以應物。然則聖人之情，應物而無累於物者也。今以其無累，便謂不復應物，失之多矣。」王弼認為，聖人不是何晏所認為的無喜怒哀樂，沒有情感；而是與眾人一樣有情感，但是又不被情感拖累，即所謂「應物而無累於物」。王志謹「常應常靜」的主張也是對王弼「應物而無累於物」思想的繼承，雖然前者主要指情感而後者既指情感又論事物。王弼本身受到儒學影響較大，同時又引發後世重玄學的興起，所以從這裡我們既可以看到王志謹作為全真弟子對於儒學思想的繼承，又看出他的重玄學功底。

關於道之用，王志謹認為除了可以顯示道體的存在，讓修道者可以通過其「返跡歸本」外。還有一個具體的作用就是利益眾生。他說：「夫為道者，抱樸含淳，潛通默運，除情去欲，損損存存，於物無私」。這是為了將本體論之道和倫理學意義之道相結合，從而為利益他人找到最高的理論依據。王志謹又進一步以長生長存的天地來類比說：「若天不利物則四時不行，地不利物則萬物不生」既然將得道證道與利益他人在理論上聯繫在了一起，就可以直接要求修道者如此修行了。王志謹於是借用丘處機的教論說：「長春真人云：『動則安人利物』，蓋與天地之道相合也。」。丘處機將道之體用和道之動靜相結合，認為道用是靈通、變動的，但是無論如何變動都只是在體現大道無私，生生利人之德。其實這種看法與老莊所認為的道自然無為、「天地不仁以萬物為芻狗」

的思想已經發生了背離,是典型的儒家倫理。由此可以看出王志謹吸收了丘處機注重事功、追求倫理的心性思想:如果道都是因為利益他人而偉大,那麼求道者有何理由不去造福他人呢?

如果王志謹最終把道定義為儒家倫理的善,那其心性學的超越性也就無從談起了。《盤山棲雲王真人語錄》記載:「師云:夫為道者,抱樸含淳,潛通默運,除情去欲,損損存存,於物無私,作事明白,曲己從人,修仁蘊德,絲毫之過必除,細微之功必積,是非俱泯,心法兩忘,向上之機自然達矣。」這條語錄可謂將王志謹修道的看法做了綜合記錄:首先,王志謹認為得道要「抱樸含淳」「除情去欲」,而且這樣的過程必須反覆進行,而不可能一次就大功告成,所以說「損損存存」。幾次三番之後才能真正去除內心的私心雜念,即革除各種塵心,達到「於物無私」「曲己從人」的地步。但以上只是初級階段,與儒家的心性倫理要求幾乎毫無二致。於是王志謹要求繼續向上,要「是非俱泯」「心法兩忘」,此時的修行者已經超越善惡的二元對立,達到了無善無惡、物我兩忘的境地。

此時的修煉者已經打破了二元對立結構的世界觀,對道有了更高層面的認知。類似的語錄在《盤山棲雲王真人語錄》中還有很多,如:「或問曰:如何是善惡?答云:一切好心皆為善,一切不平心皆為惡,人不知之善為大善,人不知之惡為大惡,善惡都不思處,別有向上事在。」王志謹在此運用道家「反者道之動」的思維說明不被他人所知的善才是真善,所謂「天下皆知美之為美,斯惡已。皆知善之為善,斯不善已。」〔註6〕

然而這樣也還沒有達到道的境界,因為即便超越了善惡,也還有繼續向上的空間。所以王志謹告誡弟子不要去追問或者思考「道是什麼」,而是要去體悟,感受道的存在方式,從內心理解道的高深莫測、至大神通,從而做到與道同一,使得自己像道那樣存在,「既在天地之間,必須合天地之道也」,如此才可實現與道一樣的自在、永恆。

旨在「三教搜來做一家」的全真道對心的規定借鑒了理學和禪宗,也設置形上之心和形下之心。王重陽很重視修心。他強調道心與眾心的區別,即「道心不與眾心同」並進一步解釋「一靈真性在,不與眾心同」,道心之所以不同於眾心是因為道心中包含人自道本體所秉承的一靈真性。然後他又根據心在形下世界所表現出的狀態,將之區分為亂心與定心,他言:「凡論心之道,若

〔註6〕《道德經》第二章,梁海明譯注,呼和浩特:遠方出版社,2004年,第4頁。

常湛然，其心不動，昏昏默默，不見萬物，冥冥杳杳，不內不外，無絲毫念想，此是定心，不可降也。若隨境生心，顛顛倒倒，尋頭覓尾，此名亂心也，速當剪除，不可縱放，敗壞道德，損失性命。住行坐臥，常勤降聞見知覺，為無病患矣。」他認為定心不可降服，而亂心是必須革除的對象。因為定心是真性在起作用，所以能夠讓人無絲毫雜念，而亂心則是真性已經被蒙蔽，此時人的表現是顛顛倒倒，進退失據。

王重陽受到佛教妙明真心概念的啟發，還提出了天心、真心的概念，與思慮妄想之心相對立，其云：「天心者，妙圓之真心也，釋氏所謂妙明真心。心本妙明，無染無著，清淨之體，稍有染著，即名之妄也。此心是太極之根、虛無之體，陰陽之祖，天地之心，故曰天心也。元神者，乃不生不滅、無朽無壞之真靈，非思慮妄想之心。天心乃元神之主宰，元神乃天心之妙用。故以如如不動、妙圓天心為主，以不壞不滅、靈妙元神為用也。」王重陽在此不僅運用體用範疇說明了真心和元神的關係，即元神是天心的功用，而天心是元神之所在；還將全真道心性論的「心」之概念與傳統道教的「神」之概念結合起來，將傳統道教的內丹修煉和全真道的心性修煉融為一體。

馬鈺繼承了王重陽的心性思想，他提出凡心與真心的對立，他言：「凡心滌盡見真心，澆溉靈根雲腳底。自然陡頓忘人我，始覺元初父母你。」〔註7〕馬鈺所說的凡心就是王重陽所說的眾心、亂心，而真心即王重陽所謂定心、天心、道心、本心。由於形而下之心受到世俗萬千誘惑的習染，從而也就表現出了不同的形式。丘處機認定心應該清淨無物，他說：「拂拂拂，拂盡心頭無一物，無物心頭是好人，好人便是神仙拂」〔註8〕。總之，王重陽和全真七子針對心所表現出的不同，把道心稱為真心、定心、平常心、清淨心等，又把行下之心分為色心、貪心、勝心、機心、謗心、欲心、塵心等，雖然名稱各異，但它們都與形上之道心相對，都是要在修煉中革除的對象。

王志謹繼承了王重陽與全真七子的做法，也提出了塵心與真心、俗心與道心等對立的概念。他在《盤山棲雲王真人語錄》中說：「修行人常常心上無事，正正當當，每日時時刻刻體究自己本命元神，端的處明白不昧，與虛空打作一

〔註7〕王嚞：《重陽分梨十化集》卷上，《道藏》，第 25 冊，文物出版社、上海書店出版社、天津古籍出版社，1988 年，第 794 頁。

〔註8〕丘處機：《長春真人西遊記》卷下，《道藏》，第 34 冊，文物出版社、上海書店出版社、天津古籍出版社，1988 年，第 497 頁。

團，如此才是道人底心也。積日累功，自有靈驗。所以見種種作為不如休歇體
究自己去。若一向物上用心，因循過日，卻與俗心無異也。」這是對道心與俗
心做了區分，指出道心也就是人的本命元神，是人從未生時就已經稟有的狀
態。道心「與虛空打作一團」，雖日日接物應事，但卻不被事、物所累，無執
著掛礙；正正當當，明白不昧；而與之相對的則是俗心，俗心只是對外物用力，
喪失自主性，被外物牽引，計較於得失榮辱，因為「一向物上用心」而漸失自
性，昧了真心。俗心也稱凡心，王志謹說：「凡心未煉，喻如石礦中有白金，
未經鍛鍊，只是頑石。置之大冶洪爐，煉去滓穢，分出真物以成金，不復為礦。
修行人亦復如此，將從來蒙昧染著之心，便同頑礦，以志節為大冶，以慧照為
工匠，殷勤鍛鍊，一毫不存，煉出自己本初無礙底真心。既已成真，不復為假，
當自保護，堅固收藏，自得受用，此便是亙古圓明底無價寶珠也。」凡心執著
於外物，是真心被蒙昧的狀態。由於人被蒙昧之後非常頑固，所以凡心又可被
稱為頑心；而真心是「亙古圓明底無價寶珠」，煉盡凡心才能顯出真心。此外
王志謹還提出了很多與心有關的概念，比如與道心、真心相當的有照心、誠心、
心體、不動心等；而與俗心、凡心相當的有私心、邪心、欲心、塵心、頑心、
不平心等。真心和塵心同時存在於作為人的血肉器官的心中，但是在王志謹看
來，他們不僅涇渭分明，而且還勢不兩立，只有煉盡塵心、革盡俗心，方能顯
出道心、真心。

　　心是王志謹整個心性思想和工夫理論的核心概念。王志謹認為心是道在
人身的寄存部位，所以承載了道的心是人真正的主人，為此他將心稱為「心
君」。「心君」是道教傳統名詞，《黃帝內經》曰：「心者，君主之官，神明出焉。」
〔註9〕心包含了道，從而具有了道性在人身的降跡，即真性。但是心由於處在
物質世界之中，所以又被世俗念慮和欲望所習染，從而使得道和真性被蒙蔽，
修道和修性都必須以心為著力點，煉去心被蒙蔽而產生的各種不純狀態。所以
心才是唯一可以把握的修煉實體。修心的成敗是區別聖與凡、道與俗的根本標
準，王志謹說：「這個有體用、沒爾我正正當當底真心，自從亙古未有天地以
前稟受得來，不可道有，不可道無；古今聖賢，天下老道，人皆得此，然後受
用；千經萬論乃至一大藏經，只是說這些子；上天也由這個，入地也由這個，
乃至天地萬物、虛空無盡際，亦是這個消息主宰。會得底，不被一切物境引將
去，不被一切念慮搬弄，不被六根瞞過，這個便是神仙底日用，便是聖賢底行

〔註9〕《黃帝內經》，北京，中華書局，2010年。

蹤，便是前程道子也」。說到底，修道就是修心，所有修道者的「前程」都建立在顯出真心的基礎上，對心的強調是王志謹心性論的顯著特點。

同時，我們必須看到，對於「心」的定義是中國傳統心性學繞不過去的內容，任何心性學思想的提出，都需要首先給心做一個明確定義。羅安憲先生在《道家心性學》中指出：心本義是指心臟，《說文解字》曰：「心，人心，土藏，在身之中，象形。博士說以為火藏。」在甲骨文與金文中已有心字，既有心臟之心，亦有心思之義。心字在《易經》中亦屢屢出現，如：有孚維心，亨，行有尚。（《坎·卦辭》）有孚惠心，勿問，元吉。《益·九五》）立心勿恒，凶。《益·上九》）等。春秋時期，心開始有了哲學意味。《春秋左傳》有「謂上下皆有嘉德而無違心也。」（《春秋左傳·桓公六年》）《國語》有：「民不據依，不知所力，各有離心。」（《國語·周語下》）等。總之，在中國的文化語境下，心不是指心臟，而是指人的思維器官，類似於生理學上的大腦所起的作用。在心性學視角下，心則是指人之後天的、實然的方面，亦即人之內在精神，或是人之精神的主宰。在儒家看來，心性常聯繫在一起，孟子認為人都有是非、辭讓、羞惡、惻隱之心，這是人區別於動物的所在，也是人與天保持一致的地方，所以這裡的「心」同時也是「性」，所以孟子斷定「盡其心者，知其性也；知其性，則知天矣」（《孟子·盡心上》）。直到荀子才將心和性分開，荀子認為，心之為心，約有二義：一為思維之器官，如：「治之要在知道。人何以知道？曰：心。」（《荀子·解蔽》）二為身之主宰，如：「心者，形之君也，而神明之主也；出令而無所受令。自禁也，自使也；自奪也，自取也；自行也，自止了。故口可劫而使墨雲，形可劫而使詘申，心不可劫而使易意。是之則受，非之則辭。」（同上）然而，不管是感官之心，還是身之主宰，在荀子這裡，心只具有主觀性，心與性是沒有關涉的。由於心與性在荀子那裏析離為二，所以，天之與人，在荀子處亦無法和合。由此，荀子並不注重人之天，而只強調人之後天之作為。後代儒學大都將孟子之所謂本心，與荀子之所謂身之主宰，有機地結合起來。張載曰：「由太虛，有天之名；由氣化，有道之名；合虛與氣，有性之名；合性與知覺，有心之名。」（《正蒙·太和》）程頤曰：「在天為命，在人為性，論其所主為心，其實只是一個道。」（《程氏遺書》卷十八）「性之本謂之命，性之自然者謂之天，自性之有形者謂之心，自性之動者謂之情。凡此數者，皆一也。」（《程氏遺書》卷二十五）朱熹曰：「所謂心者，乃夫虛靈知覺之性，猶耳目之有見聞耳。」（《朱文公文集》卷七十三）「心是神明之舍，

為一身之主宰；性便是許多道理，得之於天而具於心者；發於智識念慮處，皆是情。」（《朱子語類》卷九十八）陸九淵說：「人皆有是心，心皆具是理，心即理也。」（《象山先生全集・與李宰書》）王陽明說：「心之體，性也，性即理也。故有孝親之心，即有孝之理；無孝親之心，即無孝之理矣。有忠君之心，即有忠之理；無忠君之心。即無忠之理矣。理豈外於吾心邪？」（《傳習錄》）

　　雖然道家亦有所謂本心之論，甚至亦認為此一本心與人之本性有關聯，但道家認為人之本性為自然，與此相關，人之本心亦是虛靜；雖然道家亦認為心為人之精神主宰，但更突出心為人之精神狀態與精神生活；雖然道家亦講修養，其修養亦是心之修養，但其修養卻不是在心上作工夫，而是保守心之原本之清靜靈虛。老子哲學實際上帶有強烈的社會政治論色彩，從社會之治亂著眼，老子對人之主觀精神亦採取壓抑之態度。人之有心、有志，是人之所以為人之表現，而老子則主張虛其心、弱其志，使民無知無欲。文子說「故心者形之主也，神者心之寶也。形勞而不休則蹶，精用而不已則竭，是以聖人遵之不敢越也。」（《文子・九守・守虛》）既然「心之治亂在於道」，道自然而無為，所以，人亦當自然無為。應該說主張虛靜、無為以修心是道家對心的一貫主張。而王志謹不僅繼承了這種主張，還對此進行了發揚和創新。

　　陳來先生在《有無之境——王陽明哲學的精神》中曾經指出：儒家心學大師王陽明在《傳習錄》中說「心者人之主宰，目雖視而說以視者心也，耳雖聽而所以聽者心也，口與四肢雖言動，而所以言動者心也。故欲修身在體當自家心體。」他還說到「心不是一塊血肉，凡知覺處便是心，如耳目之視聽，手足之知痛癢，此知覺便是心也。」這是儒家對「心」的普遍定義。但是王陽明並沒有對心進行一個明確的劃分，導致後人對於他有關心的一些主張產生了諸多歧義。例如他著名的「心即理」的命題，如果將心只是單純看作知覺，便不能直接等同於天理，因為知覺中包含了正反兩種韻味，只有其中正當的部分才能被看作天理。針對這個問題，陳來就曾經評價說「心學雖然努力建立一個近於康德的「道德主體」的概念，但並沒有像康德那樣把認識主體和道德主體區分開來，也沒有區分意志與意念，統統由一個『心』字來表示，這樣一來，注重認識活動和意念現象的人當然有理由在未加分疏的情況下承認『心即理』。」陳來先生對於王陽明心學的弊端可謂鞭辟入裡、一針見血，這也的確是陽明心學甚至儒家心性學的痼疾。王陽明在早年曾經對道教思想多有接觸，如果他能夠借鑒王志謹對於道心、真心與塵心、俗心的劃分，將「心即理」的命題改為

「真心即理」或「誠心即理」或許就可以減少世人對於其心學的質疑和否定。

性，本字為生。《說文解字》曰：「性，人之陽氣性善者也。從心，生聲。」《尚書》有言：「惟皇上帝，降衷於下民。若有恆性，克綏厥猷惟後。」（《尚書‧商書‧湯誥》）「習與性成。」（《尚書‧商書‧太甲上》）等。《春秋左傳》有言：「天之愛民甚矣，豈其使一人肆於民上，以從其淫，而棄天地之性？必不然矣。」（《春秋左傳‧襄公十四年》）「則天之明，因地之性，生其六氣，用其五行。」（《春秋左傳‧昭公二十五年》）等。儒道兩家對性成熟的定義和看法，孟子認為「生之謂性」，性是物類天生之本性或特質。荀子曰：「生之所以然者謂之性。」（《荀子‧正名》）董仲舒曰：「如其生之自然之資謂之性。」（《春秋繁露‧深察名號》）。人類認識事物，重在認識事物之特性，人類利用事物以達己之目的，亦應依循事物之特性。故《淮南子》曰：「天地之所覆載，日月之所照誋，使各便其性，安其居，處其宜，為其能。故愚者有所脩，智者有所不足。柱不可以刺齒，筐不可以持屋，馬不可以服重，牛不可以追速，鉛不可以為刀，銅不可以為弩，鐵不可以為舟，木不可以為釜。各用之於其所適，施之於其所宜，即萬物一齊而無由相過。」（《淮南子‧齊俗訓》）。人之性，即人天然之性，本然之性，亦即人之天性。故，亦可曰：性即人之天。性是天道在人身上之具體顯現。儒家之性論，根基於其仁義之道，是要為其仁義之道確立一根基與現實之出路和途徑。

孔子論性，只有一句：「性相近也，習相遠也。」（《論語‧陽貨》）因為在孔子，問題主要尚局限於仁義本身，即仁義是什麼，為什麼要推行仁義之層面上。至於如何推行仁義，在孔子那裏，還不是問題的重點。孟子自覺地將孔子仁學的終點作為自己仁學的起點。並通過對「為仁之方」的論述，而建立了自己的心性論。在孟子看來，「人之所以異於禽獸者幾希」。（《孟子‧離婁下》）人與動物之間是有相同性的：「口之於味也，目之於色也，耳之於聲也，鼻之於嗅也，四體之於安佚也，性也。」（《孟子‧盡心下》）人與動物相同的因素是人之性，但卻不是人之所以為人者，不是人性。孟子認為，人異於動物之根本所在，正在於人先天地具有惻隱、羞惡、辭讓、是非之心。這才是人之所以為人者，才是所謂的人性。「無惻隱之心，非人也；無羞惡之心，非人也；無辭讓之心，非人也；無是非之心，非人也。」（《孟子‧公孫丑上》）因此，人之本性就其本原意義而言，原本就是善的。這種本原的、先天性的善，正是人為仁向善之基礎；人本身原有的惻隱、羞惡、恭敬、是非之心，正是人為仁向

善之發端：「惻隱之心，仁之端也；羞惡之心，義之端也；辭讓之心，禮之端也；是非之心，智之端也。」（《孟子·公孫丑上》）所以，儒家所宣揚的仁義禮智，並不是外在於人或強加於人的東西，而是根源於人性，並且是由其發育出來的東西，是人性中本有的東西：「仁義禮智，非由外鑠我也，我固有之也。」（《孟子·告子上》）為仁不過是使人性之中本有之善端得以發揚廣大而已。孟子這種心性論的確立，就為儒家所倡導的仁義之道，第一次尋找到了理論上的根據。與孟子不同，荀子並不認為人天生就具有為仁向善的傾向。為仁向善，在荀子看來，完全出於人之有意作為，即出於人之「偽」，特別是出於「聖人之偽」。「凡禮義者，是生於聖人之偽，非固生於人之性也。」（《荀子·性惡》）「凡人有所一同，饑而欲食，寒而欲煖，勞而欲息，好利而惡害，是人之所生而有也，是無待而然者也，是禹、桀之所同也。」（《荀子·榮辱》）雖然荀子也像孟子一樣，認為性是人秉受於天的，是先天的，是天賦的。但是與孟子不同，荀子將人與動物所共有的好利惡害的自然本性，當作基本的人性。如果順乎人的自然本性，必然導致人與人之間的相賊相殘和社會的混亂。所以，在荀子看來，人之本性為惡。「故古者聖人以人之性惡，以為偏險而不正，悖亂而不治，故為之立君上之埶以臨之，明禮義以化之，起法正以治之，重刑罰以禁之，使天下皆出於治，合於善也。」（《荀子·性惡》）君子小人就其天性而言，並沒有什麼不同。「凡人之性者，堯舜之與桀跖，其性一也；君子之與小人，其性一也。」（《荀子·性惡》）人之實際的不同，完全在於後天的力量，完全在於他們所生活的環境和個人的主觀努力，即在於「注錯習俗之所積耳」。（《荀子·榮辱》）「慎習俗，大積靡，則為君子矣；縱性情而不足問學，則為小人矣。」（《荀子·儒效》）表面看來，孟、荀之間似有很大差別，但他們之最終追求是完全一致的。性善、性惡之爭，不過是同一學派內部方法上之爭論。性善論突出人之先天因素，性惡論強調人之後天作為。人之為仁，既不能不根於先天，但亦不能忽視後天之努力。所以，《中庸》曰：「天命之謂性，率性之謂道，修道之謂教。」「自誠明，謂之性；自明誠，謂之教。誠則明矣；明則誠矣。」性為天、為誠，教為人、為明，故天人不可離分。張載更明確曰：「儒者則因明致誠，因誠致明，故天人合一，致學而可以成聖，得天而未始遺人。」（《正蒙·乾稱》）只強調先天，而不注重後天，只有根據而無工夫；只注重後天，而不承認先天，則只有工夫而無根據。後代儒學發展之切實問題，正是如何將孟與荀結合起來，亦即將本體與工夫如何結合起來的問題。後代董仲舒之性三

品說，韓愈之性之品有三說，以及張載、程頤、朱熹等人將性區分為天地之性
與氣質之性，其根本用意都是力圖將本體與工夫結合起來。

　　道家之性論，亦與其理論主旨息息相關。但它既非如儒家那樣，其性論旨
在於為其理論主旨確立一根基與現實之出路。在道家，其性論不過是其道論之
自然延伸，甚至毋寧說其性論就是其道論之具體化，是其有機之組成部分。由
道而性，就是由一般而具體。性不是別的，正是道在具體物上之現實顯現，由
此，性亦可謂之曰「道性」。《老子》一書無「性」字，但老子並非無性論，老
子之所謂「德」，其實即是後代之所謂「性」。道是萬物之本原、本根，亦是萬
物之本體。道在具體物上之彰顯，即是「德」。德來源於道，得自於道。德內
化於人，即為人之性。在老子看來，道之本性即是自然無為，自然無為乃支配
宇宙萬物之根本規律，也是人類應當信守之基本行為準則。從無為的原則出
發，老子反對人之有為，因為有為破壞了人的原始的自然純樸，造成了人格的
分裂，帶來了虛偽、狡詐、貪欲、罪惡等種種社會醜惡現象。「大道廢，有仁
義；慧智出，有大偽，六親不和，有孝慈；國家昏亂，有忠臣。」(《老子》十
八章)莊子曰：「泉涸，魚相與處於陸，相呴以濕，相濡相沫，不若相忘於江
湖。」(《莊子‧大宗師》)。

　　王重陽把人的本性稱之為真性，他多次提到真性一詞，如：「心中真性修
行主，鍛鍊金丹津液。」[註10] 又比如：「一個靈性，因何墮落，撲入凡胎。
輪迴販骨，幾時休歇停住」[註11] 他還借助佛教用語將真性稱作本來真面目：
「認得本來真面目，修修。一個靈芽穩穩求」[註12] 或者本初面目：「本初面
目，稟三光靈秀，分來團聚。」[註13] 還把真性稱為真靈一性，如：「假合四
般皆是壞，真靈一性要開收。」[註14] 在王重陽看來，作為人之本性，真性本
來圓滿，能分辨善惡清濁。但因為後天情慾的污染，真性並不能自己顯現，要

〔註10〕王嚞：《重陽全真集》卷三，《道藏》，第 25 冊，文物出版社、上海書店出版
　　　　社、天津古籍出版社，1988 年，第 708 頁。
〔註11〕王嚞：《重陽全真集》卷三，《道藏》，第 25 冊，文物出版社、上海書店出版
　　　　社、天津古籍出版社，1988 年，第 710 頁。
〔註12〕王嚞：《重陽全真集》卷四，《道藏》，第 25 冊，文物出版社、上海書店出版
　　　　社、天津古籍出版社，1988 年，第 714 頁。
〔註13〕王嚞：《重陽全真集》卷三，《道藏》，第 25 冊，文物出版社、上海書店出版
　　　　社、天津古籍出版社，1988 年，第 710 頁。
〔註14〕王嚞：《重陽全真集》卷十，《道藏》，第 25 冊，文物出版社、上海書店出版
　　　　社、天津古籍出版社，1988 年，第 741 頁。

經過一定的修煉，去除心中情慾，真性方可顯現出來。他說：「學道修真非草草，時時只把心田掃。悟超全在絕塵情，天若有情天亦老。」〔註15〕只有徹底排除了情慾的干擾才有得道的可能，天地之所以不老永存，就是因為沒有情慾的襲擾。

　　王重陽因深受佛教影響，視人的身體為臭皮囊，認為真性與假身相對，假身是真性顯露的障礙，於是他把真性與身體對立起來。他曾有詞：「七尺堂堂假合親，衣餐恰恰比三人。莫誇骨骼尋常貌，便認金容長六身。覺悟西方通妙用，曉明東渡結圓因。化形千尺應無礙，好向凡間轉法輪」〔註16〕在此他不僅把組成肉體生命的血肉等元素比作假合親，而且還提倡要覺悟佛教的妙用，化去肉身形體，以便求得真性。

　　王重陽談性很少涉及形下之性，馬鈺也是如此。馬鈺將真性稱作玉性，在中國傳統文化中玉是溫潤、純淨、高貴的象徵，《重陽真人金關玉鎖訣》說：「玉者，是骨中之精髓」〔註17〕。馬鈺言：「玉性玉性，玉戶牢封，金門緊釘。」〔註18〕郝大通曾在其《周易參同契簡要釋義》中對性做了規定，其云：「乾之為用，見乎變化。變化之功，使物各正性命。性者，天生之質，若剛柔、遲速之別；命者，人所稟受，若貴賤、壽夭之屬。……所稟生者謂之性，隨時念慮謂之情。故以真言之，存乎其性；以邪言之，存乎其情。情去性存，命自歸而輔之。」〔註19〕「性者，天生之質」便是郝大通給性所下的定義，從這個定義來看，郝大通所謂的性是氣質之性，主要是指人的剛柔、遲速之類的性情。

　　尹志平繼承了王重陽與全真七子關於真性的理論，他曾在《清和真人北遊語錄》中云：「先須盡心，認得父母未生前真性，則識天之所賦之命。〈易〉曰：窮理盡性，以至於命」〔註20〕他在此明確提到真性，而且還認為「窮理盡性以

〔註15〕　王嚞：《重陽全真集》卷二，《道藏》，第 25 冊，文物出版社、上海書店出版社、天津古籍出版社，1988 年，第 704 頁。

〔註16〕　王嚞：《重陽全真集》卷一，《道藏》，第 25 冊，文物出版社、上海書店出版社、天津古籍出版社，1988 年，第 692 頁。

〔註17〕　王嚞：《重陽真人金關玉鎖訣》，《道藏》，第 25 冊，文物出版社、上海書店出版社、天津古籍出版社，1988 年，第 800 頁。

〔註18〕　王嚞：《重陽分梨十化集》卷上，《道藏》，第 25 冊，文物出版社、上海書店出版社、天津古籍出版社，1988 年，第 791 頁。

〔註19〕　郝大通：《太古集》卷四，《道藏》，第 25 冊，文物出版社、上海書店出版社、天津古籍出版社，1988 年，第 869 頁。

〔註20〕　段志堅：《清和真人北遊語錄》卷一，《道藏》，第 33 冊，文物出版社、上海書店出版社、天津古籍出版社，1988 年，第 157 頁。

至於命」，可見尹志平受儒學影響之深。尹志平把真性和真心看作同等概念，說：「無心也無性，無性也無心，當得神通」。〔註21〕但尹志平所談更多的是形而下之性即氣性。他曾云：「萬物中惟人最靈最貴，卻有千生萬死。喻如眼中觀物，為無正主，性著於物，是物上生心，謂之生。又耳內聞聲，性卻逐聲，聲上生，物上卻滅。又鼻聞香，性著香氣，香上生，聲上卻滅。又舌嘗味，性著甘味，味上生，聞香處卻滅。身好衣袂，衣袂上生，甘味上卻滅。意好思慮，思慮上生，衣袂上卻滅。」〔註22〕尹志平在此所說的性顯然不是真性而是形下之氣性，因為只有氣性才會「著於物」，並且不斷地「逐」物。尹志平還進一步將形下之性稱為「五常之性」，他說：「吾少日粗學陰陽，故知人皆不出陰陽，且此生所受五常之性，即前生所好，既習以成，則有以感之也。謂如前生好仁，今生必得其木相；好禮，必得火相；好義好智，必得金水相之類。所好不一，則必得五行不純駁雜之相，此之謂習性感化，又謂之因果，今之福業貴賤皆不出五行因果也。本來之性，有何習？無習有何感？無感無習，是五行不到之處、父母未生之時也。」〔註23〕在尹志平看來，人皆有金、木、水、火、土「五常之性」，因「五常之性」駁雜不純，所以易於被外物所感化，從而產生執著與攀援。「五常之性」從性質來說屬於氣性，因稟陰陽五行之氣而來，又稱「五行之性」，尹志平說：「人稟五行之氣以生，故亦隨其性，如木性多仁，火性多禮之類是也。此皆非吾之本真，須超出五行，始見吾之真性矣。」〔註24〕尹志平認為人稟氣而生，所以人的習性也與氣一樣有五行之分，只有煉去五行之性，方可顯出真性。

王志謹對性的認識深受王重陽、郝大通的影響，他也認為性有形上與形下之分，其中形上之性稱作真性或者道性。《盤山棲雲王真人語錄》記載：「或問曰：道家常論金丹，如何即是？答云：本來真性是也。以其快利剛明，變化融液，故曰金；曾經鍛鍊，圓成具足，歷劫不壞，故名丹。體若虛空，表裏瑩徹，一毫不掛，一塵不染，輝輝晃晃，照應無方。故師祖云：『本來真性號金丹，

〔註21〕段志堅：《清和真人北遊語錄》卷一，《道藏》，第33冊，文物出版社、上海書店出版社、天津古籍出版社，1988年，第156頁。

〔註22〕玄全子：《真仙直指語錄》，《道藏》，第32冊，文物出版社、上海書店出版社、天津古籍出版社，1988年，第441頁。

〔註23〕段志堅：《清和真人北遊語錄》卷一，《道藏》，第33冊，文物出版社、上海書店出版社、天津古籍出版社，1988年，第157頁。

〔註24〕段志堅：《清和真人北遊語錄》卷一，《道藏》，第33冊，文物出版社、上海書店出版社、天津古籍出版社，1988年，第157頁。

四假為爐煉作團，不染不思除妄想，自然袞出赴仙壇。』」顯然，王志謹對性的以上觀點來自於王重陽，他還引用了王重陽的金丹詩以說明真性就是道教孜孜以求的金丹，並對為什麼稱真性為金丹做出了解釋。

他將形下之性稱為利鈍之性，說：「修行之人，性有利鈍，性鈍者不可堅執，宜住叢林，低下存心，與達理明心底人結緣，緣熟自然引領入道，漸次開悟。若自性鈍滯，又無見趣，每日常與同類相從，交結塵俗，塵境緣熟，久必退道，或遭魔境，作地獄見，無人救援，一向沉墮，深可痛哉！」這個分利鈍的性，不可能是人人具足、沒有差異的真性，所以必然是形下之性。王志謹同樣認為，形下之性是人修道的障礙，只有消除了形下之性，形上之性方可顯現。

王志謹還用中國哲學傳統的體用理論來解釋性，《盤山棲雲王真人語錄》云：「或問曰：視聽食息手拈足行心思，此是性否？答云：道性不即此是，不離此是。動靜語默，是性之用，非性之體也。性之體，則非動非靜，非語非默。古人有言：『大道要知宗祖，不離動靜語默。』若認動靜語默，便是認奴作主。主能使奴，奴豈是主哉？一切抬手動足，言語視聽，千狀萬態，及良久不動，皆是奴僕，非主人也，主人堂上終不得明示於外，然得其用使者則自承當作主人矣。」王志謹在此用體、用關係來解釋真性與外在行為之間的關係。在他看來，真性與道一樣可以作為本體，所以真性超越了動靜語默之間的差別，然而本體雖然是超越的，卻不是超驗的。本體不是抽象、隔絕的存在，而是活生生、隨時呈現的存在。真性作為本體的作用就體現在人的動靜語默等日常行為之中；動靜語默雖非真性卻不離真性，它們是真性的外在表現，修道者通過它們可以確認真性的存在無疑。

王志謹對於真性的看重通過其對「全真」的理解也可見一斑。《盤山棲雲王真人語錄》記載王志謹這樣詮釋全真：「眾人愛的休愛，人都非底莫非……不是好伴休合，無益之言莫說，遇事成時休喜，遇事壞時莫憂，勝如己者學之，不如己者教之，人虧己者福也，己虧人者禍也，言過行者虛也，行勝言者實也，有欲情者人事也，無塵心者仙道也，肯低下者高也，肯貧窮者富也，返常合道，順理合人，正道宜行，邪門莫入，通道明德，體用圓成，是謂全真也。」全真道作為內丹道教，其追求的境界應該是全精、全氣、全神，正如徐神翁注解《重陽真人授丹陽二十四訣》時所說：「凡人出家，絕名棄利，忘情去欲，則心虛；

心虛則氣住，氣住則神清，神清則德合道生也」〔註25〕。而王志謹則將氣、神等傳統的道教概念完全放棄，只通過真性的體用圓成來詮釋全真境界。

繼承鍾呂內丹道思想的全真道對命的看法深受呂洞賓的影響，呂洞賓在《敲爻歌》中云：「命要傳，性要悟，入聖超凡由汝做……只修性，不修命，此是修行第一病。只修祖性不修丹，萬劫陰靈難入聖。達命宗，迷祖性，恰似鑒容無寶鏡……性命雙修玄又玄，海底洪波駕法船。」〔註26〕可以看出，呂洞賓所謂的命是指命功，即通過調整呼吸、氣血的運行對人體內的精、氣、神進行修煉的方法，他認為修性是精神的修煉，修命則是肉體的修煉，「性命雙修」即是對精神與肉體的修煉與提升，二者不可偏廢。

王重陽與全真七子多次提到命，他們對命的理解有時是指命運之命。如王重陽在《贈劉四友》云：「命中福淺少因緣，只為勞生日業牽。」〔註27〕丘處機《贈王喬二生》詞云：「知命固窮皆淡薄，樂天清儉不奢華。」〔註28〕有時候是指生命之命，類似於壽命。但更多的時候則是指呂洞賓所言的性命雙修意義的命。如「猿馬住，性命自然知。」〔註29〕則是性命雙修意義上的命。更值得注意的是，全真道還用性、命概念對接傳統道教的神、氣概念，從而將性命雙修與傳統道教的運氣行神關聯起來。王重陽在《重陽真人授丹陽二十四訣》中就說：「性者是元神，命者是元氣，名曰性命也」〔註30〕「鉛者是元神，汞者是元氣也，名曰鉛汞」〔註31〕。當然，作為郝大通的弟子，王志謹對命的看法受郝大通的影響更大一些。郝大通曾對命如此規定：「性者，天生之質，若剛柔、遲速之別；命者，人所稟受，若貴賤、壽夭之屬。」〔註32〕從這個定義

〔註25〕 王嚞：《重陽真人授丹陽二十四訣》，《道藏》，第 25 冊，文物出版社、上海書店出版社、天津古籍出版社，1988 年，第 807 頁。

〔註26〕 劉一明：《道書十二種》，北京：書目文獻出版社，1996 年，第 476 頁。

〔註27〕 王嚞：《重陽全真集》卷十，《道藏》，第 25 冊，文物出版社、上海書店出版社、天津古籍出版社，1988 年，第 745 頁。

〔註28〕 丘處機：《磻溪集》卷六，《道藏》，第 25 冊文物出版社、上海書店出版社、天津古籍出版社，1988 年，第 840 頁。

〔註29〕 王嚞：《重陽全真集》卷四，《道藏》，第 25 冊，文物出版社、上海書店出版社、天津古籍出版社，1988 年第 717 頁。

〔註30〕 王嚞：《重陽真人授丹陽二十四訣》，《道藏》，第 25 冊，文物出版社、上海書店出版社、天津古籍出版社，1988 年，第 807 頁。

〔註31〕 王嚞：《重陽真人授丹陽二十四訣》，《道藏》，第 25 冊，文物出版社、上海書店出版社、天津古籍出版社，1988 年，第 808 頁。

〔註32〕 郝大通：《太古集》卷一，《道藏》，第 25 冊，文物出版社、上海書店出版社、天津古籍出版社，1988 年，第 867 頁。

來看，郝大通所謂的命乃是指天命、宿命，即貴賤、壽夭之類。

王志謹在《盤山棲雲王真人語錄》中多次提到命，但主要是從天命、命運意義上來講的。比如：「師因一道人有病，普說云：修行之人，飲食有節，動靜有常，心神安泰，別無妄作，偶然得病，便是天命，豈敢不受？亦是自己運數之行，或因宿緣，有此病魔。」他還說：「故凡在上者，乃是天命教在上，當似天一般蓋覆，贍養存恤一切在下底人，不可分我尊爾卑；凡在人之下者，亦是天命分定在下，當似地一般承奉於天，敬仰從聽在上人者，不敢絲毫怠慢。既在天地之間，必須合天地之道也。」以上的命指的是決定人之生死、貧賤、富貴等人力無法抗拒的必然性。

除此之外，王志謹還經常性、命連用，比如：「修行之人，當本出家，為此性命事大，歲久，不覺為物所移，卻學口頭伎倆，百種所能，只是為奴作婢之事。」王志謹很少從修煉精、氣、神，呼吸吐納等命功的角度談命，當有弟子問他性命之事如何護持？他回答：「若在萬塵境界內來去滾纏，雖相應和，要自作得主，不一向逐他去，事不礙心，心不礙事，如護眼睛，但有纖塵，合眼不受，如此保護，久久見功。但心有受，即被他物引將去也，便作主不得。」可見他把性功完全歸結為煉心，實際上是以性功取消了命功。

第二節　煉心顯性　凡聖同途

全真道的心性關係可以概括為明心見性，明心見性本是禪宗術語，但被提倡「三教合一」的全真道吸收。無論是心還是性，在全真道理論中都具有形上與形下兩個層面的意義。形上之心為本心、道心，與真性接近；形下之心為凡心、眾心，與習性接近。王重陽認為性包涵於心中，他曾在《紀夢》詩中云：「古道心中性，三田用內觀。」〔註33〕，正因為性在心中，所以私心、欲心、凡心等形下之心才有機會蒙蔽真性，使真性難以顯現。修道就是要革除各種凡心，使真性顯出來。王重陽稱這一過程為識心見性，其在詩詞中多次提到識心見性，如「識心見性全真覺，知汞通鉛結善芽。」〔註34〕他還認為真性不亂就可長生不死，《重陽真人授丹陽二十四訣》記載：「丹陽又

〔註33〕王嚞：《重陽教化集》卷三，《道藏》，第 25 冊，文物出版社、上海書店出版
　　　　社、天津古籍出版社，1988 年，第 784 頁。
〔註34〕王嚞：《重陽全真集》卷一，《道藏》，第 25 冊，文物出版社、上海書店出版
　　　　社、天津古籍出版社，1988 年第 691 頁。

問：何者名為長生不死？祖師答曰：是這真性不亂，萬緣不掛，不去不來，此是長生不死也。」〔註35〕可見王重陽對真性的重視。

關於心性的關係，郝大通說：「今之學者，是非、利害、好惡、貪嗔不離於心。心既如是，性豈能定？氣豈能和？自然走失，去道愈遠矣。」〔註36〕他認為，是非、利害等形下之心有礙性定，性不定則氣不和，氣不和則離道。所以，要想性定就必須通過煉心去除心中的各種情慾，只有煉心才能合道。

王志謹繼承了郝大通重視煉心的傳統，堅持以煉心為本。他將心分為形上的真心與形下的塵心。因為真心超越有無，不好把握，所以王志謹根據自己的修道體驗，通過一組自然物來類比道人之心，他將道人之心比喻為雲和風，以說明其自由自在、了無牽掛；又比喻為山，以凸顯其安穩靜定、歸然不動；還比喻為水，以彰顯其與世無爭、順應自然、包容一切；再比喻為天地日月表徵其不偏不倚、大公無私；王志謹最後以虛空來比喻道人之心，虛空不是具體事物，王志謹以此表明真心包容一切又不可具象。

王志謹認為真心人人具足，而明心見性是成仙成聖的關鍵。《盤山棲雲王真人語錄》記載：「師云：凡聖同途，只因明昧，明之則為聖，昧之則為凡，凡人之心，不肯剗情去執，棄妄除邪，逐境遷流，隨情宛轉，取一時之樂，積萬劫之殃，不省不思，莫悟莫覺者也。」和郝大通一樣，王志謹也認為凡人之心被情所昧，只有剗情去執才能顯出真心。王志謹在此明確提出了「明之則為聖，昧之則為凡」的說法，這與禪宗慧能提出的「前念迷即凡夫，後念悟即佛」〔註37〕、「自性迷，即是眾生；自性覺，即是佛」〔註38〕異曲同工。

王志謹還以混成之性來解釋真性，《盤山棲雲王真人語錄》記載：「或問曰：『識得一，萬事畢』，又有云：『抱元守一』，則一者是甚麼？師云：乃混成之性，無分別之時也。既知有此，即墮於數，則不能一矣。一便生二，二便生三，三生萬物，如何守得？不若和一也無。」《老子》第二十五章將道描述為：「有物混成，先天地生。寂兮寥兮，獨立而不改，周行而不殆，可以為天下母。」〔註39〕顯然，王志謹所言的混成之性即老子口中的道，之所以稱為「混成之

〔註35〕王重陽：《重陽真人授丹陽二十四訣》，見白如祥輯校《王重陽集》，第295頁。
〔註36〕玄全子集：《真仙直指語錄》，《道藏》，第32冊，文物出版社、上海書店出版社、天津古籍出版社，1988年第439頁。
〔註37〕〔唐〕慧能：《壇經》，洪修平、白光評注，鳳凰出版社，2012年，第28頁。
〔註38〕〔唐〕慧能：《壇經》，洪修平、白光評注，鳳凰出版社，2012年，第41頁。
〔註39〕王弼注，樓宇烈校釋：《老子道德經注》，北京：中華書局，2011年，第65頁。

性」是為了強調先天存在的道超越了善惡、清濁、陰陽、對錯等所有的二元對
立。

　　按照道家心性論的觀點，道是世界和本原，道產生萬物並賦予世間萬物以
本原，所以世間萬物的本性都是道，也就是道性。而心是人秉承道和道性的器
官，也是體現人之為人的依據。所以心中自然應該有道性，但是因為後天欲望
情感的侵襲，心中的性逐漸被遮蔽，所以才需要煉心，將心中的欲望和污垢除
去，顯出先天秉有的道性。王志謹把達到這種狀態稱為合道，不顯出真心、真
性就不可能合道。他還直接將道描述為真心，在他看來，真心就是道，道即是
真心，就是所有修道者的前程。那麼煉心到何種程度才算得道？因為道不可言
說，真心也不可言說，所以王志謹只能通過比喻來描述那種狀態：「道人煉心
如鑄金作雞，形象雖與雞一般，而心常不動，獨立於雞群，雞雖好鬥，無有敢
近傍者。體道之人心若寒灰，形如槁木，天下之人雖有好爭者，則不能與爭矣。」
〔註40〕莊子曾用「呆若木雞」來描寫修道者不被外境習染的狀態，王志謹受其
啟發，以金雞來描述修道者獲得真心之後「心若寒灰，形如槁木」的狀態，而
且他強調此時的修道者已經與眾不同，達到了「莫能與之爭」的地步。

第三節　肉身為假　以性統命

　　道家較少談性與命的關係，莊子云：「性不可易，命不可變，時不可止，
道不可壅。」〔註41〕莊子在此只是點出了性與命有一個共同的特點，即不可
改變，對於二者之間的關係則沒有提及。儒家方面，孟子對性與命有明確區
分，其云：「口之於味也，目之於色也，耳之於聲也，鼻之於臭也，四肢之
於安佚也，性也，有命焉，君子不謂性也。仁之於父子也，義之於君臣也，
禮之於賓主也，知之於賢者也，聖人之於天道也，命也，有性焉，君子不謂
命也。」〔註42〕在以上這段話中，孟子明確地把口、目、耳、鼻、四肢等感
官與身體對味、色、聲、臭、安逸的欲求視為命，把仁、義、禮、智乃至天
道等道德情感視為人的本性，即把源於肉體的欲求視為命，把源於精神或道
德的欲求視為性，從面把性與命嚴格區分開來。與孟子不同，《易傳》習慣

〔註40〕論志煥編：《盤山棲雲王真人語錄》，《道藏》，第 23 冊，文物出版社、上海書
　　　　店出版社、天津古籍出版社，1988 年，第 309 頁。
〔註41〕郭象注，成玄英疏：《莊子注疏》，北京：中華書局，2011 年，第 288 頁。
〔註42〕朱熹集注、陳戍國標點：《四書集注》，長沙：嶽麓書社，2004 年，第 407 頁。

性命連稱，其《乾·彖傳》云：「乾道變化，各正性命，保合太和，乃利貞。」
〔註43〕《說卦》又云：「昔者聖人之作〈易〉也，幽贊於神明而生著，參天
兩地而倚數，觀變於陰陽而立卦，揮於剛柔而生爻，和順於道德而理於義，
窮理盡性以至於命。昔者聖人之作〈易〉也，將以順性命之理。」〔註44〕《易
傳》所謂的性命其實只相當於孟子所說的性，之所以性命連稱，乃是性乃天
所賦予的，即「天命之謂性」〔註45〕。

王重陽在創立全真道之初，就明確提出了「性命雙修」的宗旨，《重陽
立教十五論》云：「性者神也，命者氣也。性若見命，如禽得風，輕舉，省
力易成。」〔註46〕王重陽還把性命看作是宗祖，《重陽真人授丹陽二十四訣》
記載：「馬丹陽問重陽祖師曰：甚是論祖宗、性命、根蒂……祖師答曰：宗
者是性也，祖者是命也，名曰祖宗。」〔註47〕王重陽還說「性者是元神，命
者是元氣〔註48〕」。王重陽在這裡將性、命這一對內丹心性論所用的概念和
道教傳統的神、氣概念聯繫起來，用性來解釋傳統道教理論中的神，用命來
解釋氣，實現了內丹道、心性學和傳統道教的融通。王重陽還說：「性命是
修行之根本，謹緊鍛鍊矣。」《重陽真人金關玉鎖訣》云：「人了達性命者，
便是真修行之法也。」〔註49〕

我們必須注意的是，雖然全真道繼承了性命雙修的傳統，但從呂洞賓到王
重陽，都沒有明確說明性命的先後問題。後人只是通過王重陽有關性命關係的
論述來推測他的基本觀點。王重陽既然要創立全真教以改革傳統道教的弊端，
就必然會汲取傳統道教尤其是外丹道追求肉體不死的失敗教訓，將長生的實
現重點轉到精神上。當時心性學大討論也使他援佛入道，改變並調整了傳統道
教追求肉體成仙的價值取向，由對形下之術的探求轉向了對形上之心性修養

〔註43〕陳鼓應：《易傳與道家思想》，北京：商務印書館，2015年，第8頁。
〔註44〕陳鼓應：《易傳與道家思想》，北京：商務印書館，2015年，第202頁。
〔註45〕朱熹集注、陳戌國標點：《四書集注》，長沙：嶽麓書社，2004年，第21頁。
〔註46〕王嚞：《重陽立教十五論·論混性命》，《道藏》，第32冊，文物出版社、上海
　　　　書店出版社、天津古籍出版社，1988年，第154頁。
〔註47〕王嚞：《重陽真人授丹陽二十四訣》，《道藏》，第25冊，文物出版社、上海書
　　　　店出版社、天津古籍出版社，1988年，第807頁。
〔註48〕王嚞：《重陽真人授丹陽二十四訣》，《道藏》，第25冊，文物出版社、上海書
　　　　店出版社、天津古籍出版社，1988年，第807頁。
〔註49〕王嚞：《重陽真人金關玉鎖訣》，《道藏》，第25冊，文物出版社、上海書店出
　　　　版社、天津古籍出版社，1988年，第799頁。

的重視。但王重陽並沒有因此而否定修命，他強調性功也只是將性功作為命功的先決條件，是築基之舉，但並沒有完全代替命功，直到命功完成才是整個內丹修煉過程的圓滿。

內丹圖

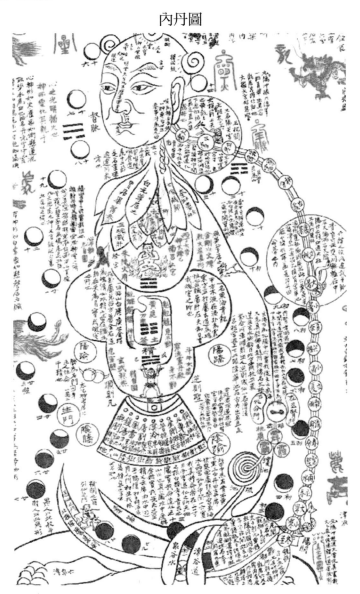

王重陽的性命理論被馬鈺等全真七子所繼承，並在自身的修丹實踐中不斷豐富和演繹，最終形成了重性輕命的風格。馬鈺曾以母子來比喻性命的關係，性是母，命是子，先有母才能有子。由此可以看出，馬鈺認為性功至少在程序上要先於命功。丘處機在《長春真人規榜》中言：「夫住庵者，清虛冷澹，

瀟灑寂寥，見性為體，養命為用，柔弱為常，謙和為德，慈悲為本，方便為門。」〔註50〕如果說馬鈺以母子來比喻性命關係只是在程序或者時間先後上確定了性先命後，那麼丘處機用體、用範疇來看待性、命就是在重要性方面對二者分出了高下。當然，丘處機的思想以其西觀成吉思汗為線鮮明地分為前後兩個時期。前期的丘處機基本上尊奉王重陽和馬鈺重性輕命、先性後命的原則，但後期他卻越來越重視修性，甚至說：「吾宗前三節，皆有為工夫，命功也。後六節，乃無為妙道，性學也。三分命工，七分性學。已後只稱性學，不得稱命功，方稱功，有為之事也。功者，工也。有階有級，性何功哉？佛祖也只完得性學而已。」〔註51〕乾脆以性學完全替代了命功修煉。

作為王志謹的師父，郝大通對王志謹的影響是深刻的、多方面的。郝大通對待性命關係與王重陽、馬鈺、丘處機基本一致。他曾言：「所稟生者謂之性，隨時念慮謂之情。故以真言之，存乎其性；以邪言之，存乎其情。情去性存，命自歸而輔之。」〔註52〕郝大通在這裡不僅討論了中國哲學的另一對經典命題「性與情」，而且明確指出性存則命自然歸附，二者孰輕孰重已經顯而易見了。他還說：「修真之士，若不降心，雖出家多年，無有是處，為不見性。既不見性，豈能養命？性命不備，安得成真？」〔註53〕郝大通以此制定了完整的修煉階次：即先降心，再見性，最後才是養命。從程序的角度而言，見性在養命之前。

全真道重性輕命的思想與骷髏觀和四假身體觀不無關係。王重陽在《自畫骷髏》中說：「此是前生王害風，因何偏愛走西東。任你骷髏郊野外，逍遙一性月明中。」〔註54〕在《歎骷髏》中他說：「脫了你骷髏，顯出中秋月」〔註55〕。丘處機也說：「性逐無邊念，輪迴幾萬遭。五行隨變化，四大不堅牢」。〔註56〕

〔註50〕陸道和：《長春真人規榜》見《全真清規》，《道藏》，文物出版社、上海書店出版社、天津古籍出版社，1988年，第32冊，第160頁。

〔註51〕趙衛東輯校：《丘處機集》，濟南：齊魯書社，2005年版。第150頁。

〔註52〕郝大通：《太古集》卷四，《道藏》，第25冊，文物出版社、上海書店出版社、天津古籍出版社，1988年，第869頁。

〔註53〕玄全子：《真仙直指語錄》卷上，《道藏》，第32冊，文物出版社、上海書店出版社、天津古籍出版社，1988年，第444頁。

〔註54〕王嘉：《重陽全真集》卷二，《道藏》，第25冊，文物出版社、上海書店出版社、天津古籍出版社，1988年，第705頁。

〔註55〕王嘉：《重陽全真集》卷十，《道藏》，第25冊，文物出版社、上海書店出版社、天津古籍出版社，1988年，第747頁。

〔註56〕丘處機：《磻溪集》卷三，《道藏》，第25冊，文物出版社、上海書店出版社、天津古籍出版社，1988年，第862頁。

　　道家所謂的命最初是指天命、命運。莊子強調要順命。《莊子·德充符》寫到：「受命於地，唯松柏獨也正，在冬夏青青；受命於天，唯堯、舜獨也正，在萬物之首。」為什麼只有松柏能傲霜雪？為什麼只有堯舜可以統領世人？是因為天命這麼規定的啊。《莊子·大宗師》記載：「子輿與子桑為友，而霖雨十日，子輿曰：「子桑殆病矣！」裹飯而往食之。至子桑之門，則若歌若哭，鼓琴曰：「父邪！母邪！天乎！人乎！」有不任其聲而趨其詩焉。子輿入，曰：「子之歌詩，何故若是？」曰：「吾思夫使我至此極者而弗得也。父母豈欲吾貧哉？天無私覆，地無私載，天地豈私貧我哉？求其為之而不得也。然而至此極者，命也夫！」子桑與子輿都是得道之人，所以子輿問子桑為什麼怨天尤人。子桑答道自己並非怨天，而是感歎自身之命運。父母難道要我如此貧困嗎？天地無私，天地難道單單要我如此貧困嗎？然而我竟貧困以至如此，這是為什麼？這也許就是所謂的命。這就說明莊子認為天命是不可以改的，雖然人可以抱怨，但也只能認命。把命與人的身體和生命連在一起的是老子，《道德經》十六章說」歸根曰靜，靜曰覆命。覆命曰常。知常曰明。不知常，妄作，凶。」這裡所說的命是指回到人先天被道所賦予的那種本然狀態。隨著道教的發展和對長生的追求，心性論中的命主要是按照老子的定義，與人的身體、生命連接在一起。

　　在性命關係問題上，王志謹不僅因為王重陽與全真七子重性輕命、先性後命的影響而把肉體生命視為虛幻甚至看作得道成仙的障礙；禪宗「識心見性」主張的影響使其最終比他的前輩走的更遠，即乾脆以性統命，完全取消了命功。《盤山棲雲王真人語錄》記載：或問曰：道家常論金丹，如何即是？答云：本來真性即是也，以其快利剛明，變化融液，故曰金；曾經鍛鍊，圓成具足，萬劫不壞，故名丹。體若虛空，表裏瑩徹，一毫不掛，一塵不染，輝輝晃晃，照應無方。故師祖云：『本來真性號金丹，四假為爐煉作團，不染不思除妄想，自然滾出赴仙壇。』世之人有言金丹於有形象處作造，及關情慾，此地獄之見，乃淫邪之所為，見乖人道，入旁生之趣矣。」「金丹」原本是指外丹，五代以後，鍾呂內丹道尤其是北宋張伯端提出了系統的內丹修煉方法，強調修命為主的張伯端傳人如石楠、白玉蟾等人也經常使用「金丹」這一術語，但他們所說的金丹主要是指通過內丹修煉所得到的成果，仍然是有形的存在。王志謹所處的年代，道教傳統的諸如房中、外丹、存思等修術已不占主流但並未徹底消除，

張廣保先生就指出直到南宋時還有人認為內丹有性有象〔註 57〕。而王重陽詩中所說的金丹，卻完全變成了一種精神狀態，屬於無形無相的意識類存在。王志謹在此引用王重陽的詩強調真性的重要，賦予了真性和道一樣的本體論的意義。

《盤山棲雲王真人語錄》還記載：「識得一，萬事畢，又有云：抱元守一，一者是甚麼？師云：乃是混成之性，無分別之時也。既知有此，即墮於數，則不能一矣。一便生二，二便生三，三生萬物，如何守得？不若和一也無。故祖師云：「抱元守一是工夫，地久天長一也無。」向這個一也無處明出自己本分來，卻不無也。故經云：「知空不空，知色不色，名為照了。」王志謹在此對抱元守一的「一」做了解釋，守一是道家功法之一，即守一法。守一法始於先秦，是指通過反觀內省而達到調和形神的內修工夫。《道德經》有「抱元守一」「載營魄抱一，能無離乎」〔註 58〕的句子，清代內丹大師黃元吉注釋此句時認為「此章開口即說煉精化氣之道。既得精氣有於身，既要一心一德而不使偶離，離則精氣神三寶各分其途，不能會歸有極以為煉丹之本」。〔註 59〕而王志謹將「一」解釋為混成之性，即真性，顯然是將守一、煉精化氣等命功都消解在了識心見性的性功之中。

第四節　因緣有數　見性轉命

王志謹除了將「命」解釋為人的肉體生命外，也解釋為人的命運、宿命。《盤山棲雲王真人語錄》記載：「因緣有數，非由人力，必順自然，安以待命。內功外行，全在自心，自能著力，自己有功，行與不行，各各自得。教門不開，須當隱伏，心與天通；教門既開，外功亦應，合天應人。功不厭多，行不厭廣，但在此心堅固，乃可成就耳。」這裡所說的命就是宿命或者命運。從「因緣有數，非由人力，必順自然，安以待命。」來看，似乎王志謹是主張順從命運安排的。但實際上並非如此，王志謹說的很清楚：教門不開的時候需要隱伏，一旦教門既開就可以借助功行改變命運。而且他說的是安以待命，是「等待」命運的改變，而不是「服從」命運的安排。王志謹在這裡並沒有強調宿命論，而

〔註 57〕張廣保：《金元全真道內丹心性學》，北京：生活·讀書·新知三聯書店，1995年，第 341 頁。
〔註 58〕王弼注，樓宇烈校釋：《老子道德經注》，北京：中華書局，2011 年，第 25 頁。
〔註 59〕〔清〕黃元吉：《道德經講義》，九州出版社，2014 年，第 24 頁。

是高揚道教「我命在我不在天」的不屈精神，認為命運可以改變。

　　當然，命運的改變是需要前提條件的，作為把煉心見性幾乎看作是修煉全部內容的盤山派掌門，王志謹認為只有見性才可以在一定程度上改變命運。在王志謹的心性思想中，煉心以見性，見性以轉命是一條明確而清晰的邏輯鏈條，非如此不能成功。

　　為論證自己「見性轉命」的主張，提高道眾煉心的積極性和主動性，王志謹甚至借助佛教的輪迴說來強調自己的主張。《盤山棲雲王真人語錄》記載：「師云：道人日用，體天法地，常清常靜，明而不昧，濟物利生，雖混於萬塵諸境之間，真源湛寂，無有間斷，自得出離生死結縛，此是一段大事因緣。奈何不悟之人，中無主宰，欲情攻於內，根塵誘於外，不得自由，四生從此而輪迴，六道因茲而走作，換卻頭皮，難同今日也。」王志謹認為不悟之人不得自由，難以超脫輪迴的原因就在於欲情攻於內，根塵誘於外，從而使得自身所稟有的真性得不到彰顯。只要通過內外功結合革除念慮，明心見性，就必能修成正果逃脫生死輪迴。

　　王志謹還將儒家的倫理學說也融入其心性學說，以強調其煉心見性的重要意義。他說：「人生一世，隨情自造，成個來世底模子，作善底造下個善模子，作惡底造下個惡模子，以至盡此報身，一性離卻這個殼子，如故鐵鎔成金汁，被造物者傾在自造底模子內，或為人，或為旁生，自作自受去也。」他認為善惡是導致人命運區別的原因。而且王志謹還借助道教傳統的承負說，指出他所說的善惡不僅指今生的選擇和作為，還與前世的行為有關。為此他不惜放棄自己「道無善無惡、直指虛空甚至不可言說思議」的主張，說到：「道無言說，惟指善惡，善則成就無上出世因緣，有天堂無地獄，惡則墮落無邊苦趣，有地獄無天堂。分此二途，蓋因迷悟，悟則剎那成聖，迷則永劫沉淪。幸得人身，寧不思之？」

　　王志謹心性思想的高明之一就是他將道和真心、真性三個概念合而為一，並在此基礎上強調其不可言說只能體悟的特質。但是道教心性論畢竟不是為了純粹的思辨服務的，作為全真高道，王志謹必須為弟子的安身立命指明一條切實可行且便於執行的修煉方法。一切高深莫測的思想都不及對天堂的嚮往和對地獄的恐懼更加貼近生活。況且，全真道作為社會實體，面對迅猛發展的道眾規模和大多數弟子集體住叢林的現實，如何管理眾多弟子，幫助他們處理好彼此之間朝夕相處的瑣碎生活也是王志謹作為掌教必須考慮的問題。而且

揚善去惡也有利於穩定社會，可以幫助全真道更好地與統治階層保持良好的世俗關係。總之，出於這些考慮，王志謹將道眾對於扭轉天命，追求長生的需求與其識心見性的主張結合起來。王志謹的這一思想並不是他的首創，而是對郝大通思想的繼承和發揚。郝大通曾有言：「假聰明，強知解，只知說是說非，不知罪福，不思辨道，縱頑心而不善，將來陰司業報，看待誰推？」〔註60〕可見，郝大通也強調修道是避免陰司報應的唯一辦法，他還明確地規勸世人：「兩枝角或有或無，一修尾千定萬定，九玄七祖，盡遭塗炭，冰池有寒冷之苦，鑊湯有熱惱之憂，劍樹刀山，千生萬死，莫待臨時悔也〔註61〕」。可見無論是郝大通還是王志謹，都堅持認為不煉心，不見性就不能改變既有的命運安排。

〔註60〕玄全子：《真仙直指語錄》卷上，《道藏》，第32冊，文物出版社、上海書店出版社、天津古籍出版社，1988年，第269頁。

〔註61〕玄全子：《真仙直指語錄》卷上，《道藏》，第32冊，文物出版社、上海書店出版社、天津古籍出版社，1988年，第269頁。

第四章 物上事上下工夫，磨去塵心性轉命——王志謹的修煉工夫論

正所謂「術無道不立、道無術不顯」。道教講求以術證道，一個道教徒對於道的信仰和理解不是通過純粹的理論思辨來實現，而是需要通過其修行踐履來實踐和證明。要想證道成功，不僅需要高深而圓融的修道理念，更需要切實可行且適合自身的修道工夫。作為全真第三代道人中的佼佼者，王志謹不僅具有深邃杳渺且特色鮮明的修道思想，而且具有切實可行的修道工夫理論，能夠將高深的道落實於具體的修行之中。更難能可貴的是，作為全真道盤山派的掌門，他還根據眾多弟子的實際條件為之選擇了具有針對性的修道方法，給他們指明了具體而清晰的修道階次和護持方法。

王志謹修道思想的最大特點是他將修煉的主體落實在心上，以識心見性的性功代替傳統內丹道的性命雙修。在王志謹看來，心、性、道是三位一體的實在，煉心就是見性，見性就是修道。從空間角度而言，王志謹將修道分為內修和外修。內修是指修道者自身內部以心煉心的修煉，外修則是借助不同的環境和事務進行修煉，即所謂的境上煉心和應事煉心，此外他還因為受到丘處機影響而強調功行煉心。

第一節 以心煉心 泯邪存正

從一般意義而言，性應是心與道之間的中介和橋樑。但王志謹將全真道的

性命雙修變成了以性統命,以性功取消了命功,進而將見性和識心看做了同一個步驟。所以其修煉的全部過程可以視為單純的煉心。王志謹將心分為道心與俗心、真心與塵心的二元對立,並主張以本來含有的真心、道心等形上之心為標準去關照、革除因俗事欲念污染而產生的凡心、塵心等形下之心,即所謂的以心煉心。

全真道向來重視內外雙修,馬鈺曾經提出為此專門提出「內日用」和「外日用」,他說:「外日用者,大忌見他人之過,自誇己德,嫉賢妒能,起無明火,塵俗念生,生勝眾之心,人我是非,口辨憎愛。內日用者,休起狐疑心,長莫忘於內,如雲遊住坐,亦澄心遣欲,無礙無掛,不染不著,真清真淨,逍遙自在,如同一日存思於道,如饑思飯,如渴思漿,稍覺偏頗,即當改正,依此修,決當神仙」〔註1〕。後來丘處機將這一組概念進行改造,他認為:「捨己從人,克己復禮,乃外日用。饒人忍辱,絕盡思慮,物物心休,乃內日用;先人後己,以己方人,乃外日用。清靜做修行,乃內日用」〔註2〕。可見從內、外兩個維度進行修行是全真道的傳統。

無論是借助外境、外事煉心還是借助功行煉心,最終都需要回歸修道者的內心,即在其自身發生以心煉心的過程。因此,以心煉心是王志謹煉心工夫論的重點,王志謹為此確立了明確的程序進程。這些進程可以分為初期的修道準備,中期的降心制念和後期的護持真心三個部分。

初期階段是以心煉心的開始階段,它是煉心者開始正式的煉心活動之前的準備,以此確認是否具有煉心成功的可能,以及應該選擇什麼樣的方法進行煉心。

修煉首先要歸宗祖,所謂歸宗祖,就是修道者確立對道的絕對信仰,確信自己可以通過努力而最終證道得道,與道合一。全真道建立之初志在「洗百家之流弊」,號稱道教中的改革派,無論是教理教義還是修煉方式方法都與傳統道教有著巨大差別。加上全真道注重三教融合,吸收了禪宗和理學的很多內容,如注重倫理實踐、主張濟物利人,並且借鑒禪宗確立了出家叢林制度等。所以當時世人對全真道究竟屬於何種宗教存有疑惑,但王志謹要求修道者必

〔註1〕 張廣保:《金元全真道內丹心性學》,北京:生活‧讀書‧新知三聯書店,1995年,第94頁。

〔註2〕 張廣保:《金元全真道內丹心性學》,北京:生活‧讀書‧新知三聯書店,1995年,第94頁。

須明確自己的身份是道教徒，一名全真弟子所追求的最高目標是得道成仙。王志謹言：「動靜語默，是性之用，非性之體也。性之體，則非動非靜，非語非默。古人有言：『大道要知宗祖，不離動靜語默。』」王志謹在此說的很清楚，道教徒的宗祖是道，具體而言是亙古不變、澄澈杳渺、不即萬物又不離萬物的道體。

正如上一章所說，王志謹的心性論最鮮明的特點就是心、性、道三位一體。道是幽深高邈的本體，從本降跡被人所秉承。人秉承了道於是有了道性，而心則是人秉承道從而產生道性的器官。由於世俗世界物質欲望和愛恨情仇等念慮的習染，道性逐漸被俗性蒙蔽，真心也逐漸變成了俗心、凡心。要想合道長生，就必須顯出真性，用自身所稟有的道與作為本體無時無處不在的道相呼應，實現返跡歸本。而實現這一過程的關鍵就是要煉盡塵心，顯出真心、真性。對於全真盤山派弟子而言，煉心就是前程所在，要想得道就必須煉心。

認宗祖不僅要求弟子樹立對道的信仰，還要求弟子要能夠接受全真道的教理教義，即通教化。王志謹說：「修行人先要明自己本宗，次要通教化。若本宗不通，如人無目，不分道路，舉足差訛；若教化不明，如人有目而坐黑暗中，則有偏執我見。須要俱通，方得圓應；若俱不通，如大暗中坐而又無目，何時得出也？」金元時期天下大亂，戰火頻仍。人的信仰已經被殘酷的現實所摧毀，整個社會籠罩在怨氣、戾氣之中。加上全真道廣開教門，招收的弟子參差不齊，人的天賦秉性也千差萬別。所以王志謹要求修道之人必須首先放棄自己的過去，進入道門以後要改頭換面，虛心接受教化，這是修道可能取得成功的前提，也是王志謹在當時的社會環境中秉承全真道移風易俗，淳化民風之社會責任的寫照。

其次是要確定頓修和漸修。頓修和漸修是中國哲學一個傳統的議題，佛教的頓、漸對立始於兩晉時期。東晉時的般若學者如支遁、道安、慧遠、僧肇一般都傾向以漸悟為基的小頓悟。他們把成佛的步驟與菩薩修行的十住階次聯繫起來，認為在菩薩修行的十個階位中，達到了七住就是徹悟，再繼續修持下去就能成佛。而竺道生則與他們不同，認為七住內沒有徹悟的可能，只有到十住的最後一念「金剛道心」才算得到正覺成佛，也就是大頓悟。禪宗也有頓漸之分，神秀一系主張漸修漸悟，他認為眾生的清靜心是覺悟的基礎。清淨心與染污心相對立而存在，由於眾生本有的清淨心在世俗生活中被染污心所遮蔽，因而不能覺悟成佛。因此神秀強調拂拭、排除染污心的作用和影響，也就是要

制伏、泯滅一切情慾以顯示清淨心；同時還應觀心，即直觀內省以觀照清淨心。
這兩方面都有一定的程序，需要次第修行才能達到，所以是一個漸進的過程。
而慧能則認為所謂頓漸只是見性的過程長短和時間快慢的不同，頓漸的區別
實際上是由修行人的素質所決定的，或者說是根性的不同所決定的：利根，悟
道就快；鈍根，悟道就慢，他關注的是為利根人設計的頓悟法門。

在道教中，成書於隋唐之際的《本際經》將眾生的根性分為三等，並由此
確定修煉的上中下三等法門。王志謹牢記丘處機廣開教門的教誨，堅持普度眾
生，即便年已八十仍為度化信眾四處奔走，且「富貴者召之亦往，貧賤者召之
亦往」〔註3〕。如此眾多的弟子，難免天性稟賦各異，根性參差不齊。對此王
志謹主張根據修行者性根的利鈍而採用不同的修道方法。盤山弟子中顯然有
性利者，王志謹曾說：「修行之人性有利鈍，性鈍者不可堅執，宜住叢林」可
見其弟子中必然有性利者。不過，性利者既然已經可以「自會」，也就沒有說
教的必要了，即便有所說教也不一定能夠被師父言行的記錄者所捕捉到。所以
我們見到的大多是王志謹針對性鈍者而說的漸修法。

王志謹認為性鈍之人修道最忌諱好高騖遠、急於求成。他曾說：「若自性
鈍滯，又無見趣，每日常與同類相從，交結塵俗，塵境緣熟，久必退道，或遭
魔境，作地獄見，無人救援，一向沉墮，深可痛哉！」漸修是一個漫長而辛苦
的過程，有些弟子難免會失去耐心和毅力。當有弟子因為自己老邁不能多學，
乞求他向無上極玄極妙處說一句時，他回答：「把這個求無上極玄極妙底去了，
則便是也。」他認為性鈍之人要從初級階段一步步學起，紮紮實實、認準方向
久久為功，切不可心急。因為「大凡初機學道之人，若便向言不得處，理會無
著落、沒依倚，必生疑惑，為心上沒工夫便信不及，信不及則必不能行，行不
得則胡學亂學，久而退怠。」如果沒有耐心急於求成，則可能適得其反甚至最
終誤入歧途。

其三是要確立修道志向，通過漸修證道得道是一個度盡劫波最終浴火重
生的過程，沒有頑強的毅力和足夠的恒心難以成功。所以修道者要立志節，做
好充分心理準備，否則極易淺嘗輒止或者半途而廢。所以王志謹反覆強調要立
志節，如：「修行之人須要立志節」，「修行之人……一志真常，永劫綿綿，乃
無變壞也。」等等。王志謹認為立志就是無時無刻，行走坐臥都要一心向道，
不論身在安穩處還是險境都必須向著最終的目標一往無前，只有志向堅定才

〔註3〕陳垣編纂：《道家金石略》，北京：文物出版社，1988年，第563頁。

能經受住修道過程中的種種考驗。也正因為修心非常艱苦，所以王志謹才沒有如王重陽或者郝大通那樣將修心稱為「識心」或「降心」，而是稱之為「煉心」，以冶煉礦物來類比煉心，說明此過程的艱難，從而更突出志節和韌性的必不可少。但也必須說明，立下堅定的志向並不等於要好高騖遠急功近利。正如道無所為才能無所不為一樣，王志謹認為修心證道必須要有順其自然之心，不可強求。所以他不主張弟子刻意追求修道結果。他說：「修行之人當立決定志，時時刻刻精進煉心，不預未來⋯⋯」修道應該只求耕耘不預收穫，否則就是強求。一旦強求志節也就變成了好勝心。王志謹認為好勝心是急功近利，是對大道之精深的無知。曾經有弟子問王志謹下三年死工夫能否脫得輪迴，他答云：「修行之人當立決定志，時時刻刻精進煉心，不預未來，豈敢內存勝心，便望超脫？」為此他還舉例進行說明：「昔有道人初出家來，乃大言曰：某覷輪迴小可，著些工夫便是免了。有志下功，不測篤疾纏身，數年不愈，漸消其志。此豈可以勝心為之哉？」有弟子好大喜功、無知無畏，認為用些工夫就可以得道從而逃脫輪迴，最終不僅沒有修道成功，反而身纏重病。從歷史經驗看，修道確實需要很長的時間，尹志平在《清和真人北遊語錄》中記載丘處機所言：「丹陽兩年半了道，長真五年，長生七年。我福薄下志，十八九年」〔註4〕可見，即便是全真七子那樣的高道想要了道證道都需要長年累月的勤修苦修，更遑論普通弟子尤其是初學者。

　　立了志向的人最容易犯的錯誤就是一味僵硬地固執於心中的志向，而忽略了環境的變化，偏執而不知變通。這種執念本身就與道無牽無掛、自然而然的特點相違背，所以如果修道者抱有執念就不可能取得修道的成功。為此王志謹強調要將專一與通變結合起來，他說：「修行之人須要立志節，及至有志節，卻多執固，執固則事物上不通變，及至事物上通變得，卻便因循過日也，以此學者如牛毛，達者如麟角。」《老子》有言：「上善若水，水善利萬物而不爭，處眾人之所惡，故幾於道」〔註5〕，最大的完滿應該如水那樣隨方就圓，順勢而變。王志謹也曾經用水比喻道的性柔就下，不與物競，可惜修道之人往往宥於所謂的精進無前而忘記變通，最終學者如牛毛，成功者鳳毛麟角。

　　降心制念是煉心的中期工作，即修道準備完成，開始修煉直到最終顯出真

〔註4〕段志堅：《清和真人北遊語錄》卷一，《道藏》，第33冊，文物出版社、上海書店出版社、天津古籍出版社，1988年，第156頁。

〔註5〕王弼注，樓宇烈校釋：《老子道德經注》，北京：中華書局，2011年，第22頁。

心的階段。此階段中首先要正心墨。

正心墨就是在心中明確塵心與真心、凡心與道心的區別，從而確立可以依靠的心是哪些，需要革除泯滅的心又是哪些。王志謹在此用木匠畫墨線來比喻這個步驟，他說：「修行之人，如大匠斫木，先正心墨，然後於偏邪分外處漸加斤斧，就正成材，隨宜使用，不得動著心墨；若失了心墨，則無所取法矣。」形上之心和形下之心雖然是涇渭分明、你進我退的狀態，但畢竟同時共存於同一個血肉器官之中，所以必須要嚴格區分。如果失去了標準和原則，則後面的煉心過程都將失去意義。至於如何辨別二者，王志謹也有明確的方法，即通過關照念慮來區分正邪，《盤山棲雲王真人語錄》記載：「或問曰：如何是真常之道？答云：真常且置一邊，汝向二六時中理會自己心地，看念慮未生時是個甚麼？念慮既生時，看是邪是正？邪念則便泯滅著，正念則當用著。如何是邪念？凡無事時，一切預先思慮，皆是邪妄。如何是正念？目前有事，合接物利生，敬上安眾，種種善心，不為己事，皆是正念也。其靜則體安，其動則用正，不縱不拘，無晝無夜，絲毫不昧，常應常靜，平平穩穩，便是真常之道也。」此處王志謹說的很明白，凡是無事時所生出的一切預先的思慮都是邪妄，都屬於應該革除的形下之心。相反，因為有事而產生的、符合接物利生標準的、種種善心善念皆是正念，都屬於形上之心應該予以保留。他還說：「修行人常常心上無事，正正當當，每日時時刻刻體究自己本命元神端的處，明白不昧，與虛空打作一團，如此才是道人底心也」。能夠明白不昧，回到「五行不到處，父母未生時」的虛空之心就是道心。道教傳統的道性認為：人的肉體只是道性寄生的驅殼，肉體會有死亡、腐爛；道性卻是永存永恆的，所以修道者應該追求的是自己沒有肉體驅殼之時、未被塵世污染的狀態，只有那樣的狀態才能顯出真心。

王志謹認為心被習染主要是由於情慾念慮的作用。他感歎：「奈何不悟之人，中無主宰，欲情攻於內，根塵誘於外，不得自由」。王志謹要求修道之人一定要絕情去欲，因為道與情慾是不可共存的，即所謂「有欲情者人事也，無塵心者仙道也」。佛教禪宗認為要想去除污染心顯出清淨心就需要離念看淨，或除妄顯淨。王志謹也強調排除妄念，他說：「修行之人把自己從來心上染習得偏重底念慮，著工夫用氣力鍛鍊了，難捨著捨去了，乃至此身限到也要捨，況在心上底，但是虛妄，一一除盡，便無煩惱障礙也。」所謂顯出真心與道合一，從源頭上說就是不被念慮撥弄，從而使得心恢復無思無慮、澄澈晶瑩的狀

態。王志謹認為制妄念應該在念頭未生將生的關鍵時刻就著手，等到念頭生出
再革除就已經晚了。《盤山棲雲王真人》記載：「或問曰：未來罪福還有也無？
答云：未來且莫論，據現在言之。汝發一心，欲於聖前焚香禮拜，以手拈香，
其心發願云：願家眷平安，增福添壽。此不是作善底心，便望得福，雖得福亦
不知。蓋修善者明修而暗報，故未嘗有知者。若汝發一惡念，持刀殺人，才舉
此心，便承當償命，此必不可於分明至公處作得，伺其暗昧不測中造下，不久
敗露，便當償命。此不是望罪得罪，此罪明知，蓋作惡者暗作而明報。此則現
在人為，必然分明之事，況天伺察人所不知者，何方逃之？不可不戒。」王志
謹告訴弟子：禮佛之念一起，福報就已經獲得；同樣，殺人之念一上心頭就已
經有了罪過，所以要抓住念頭將生未生的關鍵時刻來泯邪存正。

　　經過以上步驟，情慾和妄念都已被剪除，但修行者的心並沒有達到徹底澄
澈、心無一念的地步。這是因為心由於慣性還繼續執著於此前的步驟，從而產生
了新的障礙，即執念。郝大通曾有金丹詩指出執性對於真性是另外一種「昧」「都
緣執性迷真性，盡散淳風昧教風」〔註6〕，他繼續指出：「道氣綿綿，行之得仙，
得意忘言，出入涓涓太虛妙本，得魚忘筌」〔註7〕。王志謹則借用重玄學有無雙
遣和佛教大乘空宗雙遮雙照的辦法，主張忘記執念。《盤山棲雲王真人語錄》記
載「或問曰：某念念相續，掃除不盡，如何即是？答云：朝日掃心地，掃著越不
靜，欲要心地靜，撒下苕帚柄。其人拜謝。」與掃地一樣，如果修行者總是抱著
要掃除心地的念頭，以後念破前念，就會導致念念相續的循環，所以王志謹告訴
弟子要放下掃地的念頭，忘記自己正在掃地，達到所謂的物我兩忘，自然就可以
斷除執念。他還說：「欲求解脫，隨遇即遣，遣之又遣，以至絲毫不存」。

　　關於重玄雙遣，《清靜經》曾提出由淺入深的具體步驟和方法：「能遣之者
內觀其心，心無其心外觀其形，形無其形遠觀其物。物無其物，三者既悟，唯
見於空。」〔註8〕修道之人首先要做到內觀其心而無所滯、無所想，外觀其形
而忘身，在一身內外清靜的基礎上進一步遣去對外物的執著，即所謂遠觀其
物，物無其物。如此去除了心見、身見與物執，才能達到心空。在此基礎上再

〔註6〕段志堅：《清和真人北遊語錄》卷一，《道藏》，第33冊，文物出版社、上海書
　　店出版社、天津古籍出版社，1988年。
〔註7〕玄全子：《真仙直指語錄》卷上，《道藏》，第32冊，文物出版社、上海書店出
　　版社、天津古籍出版社，1988年，第444頁。
〔註8〕李道純：《太上老君說常清淨經注》，《道藏》，第17冊，文物出版社、上海書
　　店出版社、天津古籍出版社，1988年，第142頁。

進一步，實現「觀空亦空，空無所空。所空既無，無無亦無。無無既無，湛然常寂。寂無所寂，欲豈能生？欲既不生，即是真靜。真常應物，真常得性。常應常靜，常清淨矣。」〔註9〕空去身、心、外物之後，其空見亦要空去，不滯於空，亦不滯於滯，不滯於不滯，這樣才能達到真常應物，湛然常寂的常應常靜。所謂得道，實無所得，即「既入真道，名為得道。雖名得道，實無所得」〔註10〕王志謹也說：「起心無著，便是有著，有心無染，亦著無染，才欲靜定，已墮意根，縱任依他，亦成邪見，無染無著，等是醫藥，無病藥除，病去藥存，終成藥病。言思路絕，方始到家，罷問程途矣」。蒙文通先生曾指出：「齊、梁而後，孟、臧之徒，以重玄為說，始益深遠也。尋諸雙遣之說，雖資於釋氏，而究之《呂覽》之論圜道，《淮南》之釋無為，知重玄之說最符老氏古義。」〔註19〕王重陽之後，馬鈺一意以清淨為修煉目標，丘處機及尹志平則追求功行；相比之下，王志謹重玄雙遣的境界顯然更為超脫，也更符合全真道回歸老莊的本意。

內丹修行常會受到邪魔的侵擾，甚至危及生命。邪魔主要是指在練功過程中產生幻象，修道者信以為真，從而神志錯亂。《鍾呂傳道集》曾歸納了十魔，如恩愛魔、刀兵魔、富魔、貴魔等。〔註12〕王志謹多次提醒要防止邪魔，他說：「常人之心依著萬塵，蒙昧不明，初機出家，磨煉塵心，偶然得靜，乍見靜境，便生別個景象，神頭鬼面……或有自見知未來事者，或空中聞人預報前事及有應驗者，或有親見過去師真神人來到目前付囑心地事者，若有心承認，便是著邪，如不除去，養成心病，無法可療」。邪魔常常如海市蜃樓一般幻化為修道者所渴望的清淨境界，對修道之人危害很大，如果不除去則會形成心病。外丹道教向內丹道教發展的過程中，曾借助上清等派所修持的內思存想術，甚至發展出了存想內丹道，鍾呂內丹道曾譏諷排斥這種做法為「畫餅充饑」「寐而得賄」〔註13〕。

〔註9〕李道純：《太上老君說常清淨經注》，《道藏》，第17冊，文物出版社、上海書店出版社、天津古籍出版社，1988年，第142頁。

〔註10〕李道純：《太上老君說常清淨經注》，《道藏》，第17冊，文物出版社、上海書店出版社、天津古籍出版社，1988年，第142頁。

〔註11〕蒙文通：《古學甄微‧校理老子成玄英疏敘錄（節錄）》，成都：巴蜀出版社，1987年7月。

〔註12〕牟鍾鑒、胡孚琛、王葆玹：《道教通論：兼論道家學說》，濟南：齊魯書社，1991年，第669頁。

〔註13〕張廣保：《唐宋內丹道教》，上海：上海文化出版社，2001年，第47頁。

　　至於邪魔產生的原因,王志謹認為是由於識神在引誘心君:「修行之人靜
中境界甚有多般,皆由自己識神所化,因靜而現,誘引心君。豈不聞古人云:
『凡所有相,皆是虛妄。』心欲遣識,識神尚在,便化形象,神頭鬼面,惑亂
心主;……其人安定此心,體若虛空,冥然不辨,拼此一身,任生任死,其魔
自散,為有主在,寂然不動,豈有魔魅?妄心未盡,故顯此相,體性湛然,則
自泯矣。」邪魔出現說明修行者的煉心已經小有成就,但此時必須認清其虛幻,
切不可以為功,因為「若認為功,便是著邪也,如不除去,養成心病,無法可
療。此時只要安定自心,發揮心主的定性,進一步精進,不受其干擾就自然可
以戰勝邪魔。「凡所有相,皆是虛妄。若見諸相非相,即見如來」是《金剛經》
四句偈,也是佛教大成空宗思想的精髓。王志謹藉此表明真正的道體是空寂湛
然、無相可住的。邪魔是修行者已即將進入清淨狀態,這時候識神在做最後的
掙扎,於是出來惑亂修道者,使之出現幻象。全真道將傳統道教的神看作心性
學中的性,認為心是現實主體,神與性一樣在心中。神與心的關係類似於性與
心的關係,性和神都是經過修煉後可以顯現的真實實體。全真道還將神也做了
二元區分,即元神和識神。其中元神是與本心、本性近似的概念,心如果澄澈,
則元神就能顯現。如果心被染污,則會產生識神,識神會蒙蔽本來的真心、真
性。邪魔的出現是修煉到了一定程度的副產品,接近於「黎明前的黑暗」。不
過,正如陳來先生在《有無之境——王陽明哲學的精神》中所指出,王陽明、
湛若水等大儒在修煉心性時大都有類似的「神秘」經歷,甚至馮友蘭先生在《中
國哲學中之神秘主義》一文中也坦言:「我過去的哲學思想最後歸結到神秘主
義。」而此處所說的神秘主義「乃專指一種哲學,承認有所謂『萬物一體』之
境界者;在此境界中,個人與『全』合而為一;所謂主觀客觀、人我內外之分
俱已不存。」由此可見,所謂的邪魔、幻象的確是心性修煉的一種階段性的「副
作用」,一味地排斥也不一定可取。所以,王志謹在《盤山棲雲王真人語錄》
中還提到了智藏:「師因眾論智藏開時辭源湧出,乃云:修行之人,初心離境,
如鏡乍明,智藏忽開,舉意成章,不可住著。若心印定,不感而用,變成狂慧,
則了無功;只是神用,非道體也,不可馳騁以為伎能,但涵養則有功也。」智
藏開辭源出說明修行者已經達到了一定的境界,雖然得到的不是道體,但是畢
竟證明修行者已經取得了一定的成績,心已經離開了所在的境,即脫離了環境
的束縛,甚至可以「舉意成章」。王志謹雖然認可開智藏辭源出說明修行者已
經取得了一定的成就,但所謂「行百步者半九十」,此時如果停滯不前就會前

功盡棄。所以王志謹叮囑修行者仍然不可住於此，要繼續精進。他還囑咐更不可以此為伎能，而應該潛心涵養。

那麼此時的修道者會獲得什麼樣的神通呢？王志謹在《盤山棲雲王真人語錄》詳細描述了顯出真心之後修道者所獲得的境界和體會。首先「修行之人收拾自心如一尊木雕聖像坐於堂中，雖終日無人亦如此，幡蓋簇擁亦如此，香花供養亦如此，往來毀謗亦如此，惟比木像通靈通神，活潑潑地，明道明德，一切事上物上卻不住著也。」此時的修道者，其心也與道一樣無牽無掛、自由自在，不會掛礙滯著於任何具體的事物之上。但是此時仍不能以為大功告成，而應該韜光養晦，用心呵護涵養真心，不可得意顯揚。王志謹說：「修行之人塵心頓歇，俗慮消亡，孤然顯出自己元本真宗，便是從來先天底主人。自承當得，逍遙自在，種種法界一時透徹。若到此地，才要韜光晦跡，保護涵養，多則功多。若舉意顯揚，則不覺暗損光明矣。」道家一向主張清淨、守拙、反對張揚。《道德經》有言「致虛極，守靜篤」，王志謹不僅要求修道者在修道的過程中內守清淨，而且他認為即便已經煉心成功，也還要守靜守拙。因為「智者不為智者所用，而愚者用之；巧者不為巧者所使，而拙者使之。」

鍾呂內丹道將修煉分為煉精化氣、煉氣化神、煉神還虛三個階段，認為聖胎是有形之物，且只是第二個階段的產物，所以得胎者應該注意保護哺乳聖胎，否則聖胎可能被他人盜走，直到八九個月後聖胎成熟。〔註14〕而按照全真道的傳統說法，識心見性也只是完成了性功，即便全真道有重性輕命的傳統，但並沒有否定命功的存在，性功雖然權重很大但畢竟不是全部。因為全真內丹道的最終目標是要通過心性的修煉以築基，進而調整內丹修煉的火候即呼吸吐納，調動自身精氣神在自身爐鼎內修煉內丹，成就聖胎，最終實現成仙長生。這也是全真道心性學與禪宗只追求心靈超脫的心性學之間的區別。所以王志謹強調即便煉心完成也還要韜光晦跡，以求保護、涵養、哺乳聖胎，然後方可出神，顯示神通。眾所周知，全真道繼承鍾呂內丹道的思想，必然不會完全放棄命功。但是全真七子中除了丘處機留有《大丹直指》一書外，其他人也沒有留下專門的命功著作，即便《大丹直指》也被人懷疑是他人託名之作。〔註15〕但本文認為這應該不是因為全真道不重視命功，而是命功修煉本身就是秘密，

〔註14〕牟忠鑒、胡孚琛、王葆玹《道教通論——兼論道家學說》，齊魯書社，1991年，684頁。
〔註15〕郭武：《丘處機學案》，濟南：齊魯書社，2011年，第57頁。

很多時候只傳給大弟子，如尹志平在《清和真人北遊語錄》中就提到丘處機偷聽王重陽對馬鈺傳授「谷神不死」的修煉方法，當他忍不住推門而入時王重陽卻停止了講授。〔註16〕所以命功修煉更難以被記錄，加上年代久遠，能傳給後世的就更少了。傳統觀點認為王志謹完全主張以性統命，沒有命功，但根據王志謹要求弟子在煉心完成後繼續涵養這一點來看，他或許也有對命功修煉的論述，只是由於時代久遠，相關的記錄沒有保存。

第二節　借境煉心　事上勘驗

按照王志謹的方法，煉心可分為身內煉心和身外煉心，身內煉心主要是修行者內心的心理活動，即通過道心關照塵心，從而革除私心邪念的過程，也叫以心煉心。身外煉心則是修行者借助叢林、圜堵、住山等不同的修道環境，處理環境中的具體事務煉心。

雖然煉心強調的是剗情去執，斷滅外物，心齋忘我的心頭工夫，正如郝大通金丹詩句「學道先須絕外華，修真素養屬仙家」〔註17〕但不論全真道如何輕視肉體，但都不能迴避一個簡單的事實：修道者畢竟是活生生的血肉之軀，他們最終還是處於物質的世界之中。人要延續自己的存在，也必然要與周圍環境發生不可避免的聯繫，這種聯繫的過程也是心體受到外界浸染的過程。正因為此，中國傳統的心性學都必須要處理好心與外界的關係，這種關係或如莊子那樣通過「坐忘」「心齋」與外界隔絕；或如禪宗在「擔水打柴」中領悟「妙道」；或者如儒家那樣乾脆將把對外部世界的改善作為心性修煉的目標。由於深受丘處機和禪宗影響，王志謹將儒家和禪宗對於外境的處理方法移植到了心性修煉之中，將外事外物作為修心的依託和手段，提出了系統的應境煉心方法，但對於不同的外境王志謹持有不同的態度。

王志謹反對修行者通過獨處修煉。通過《盤山棲雲王真人語錄》可以看出，王志謹對典型的幾種獨處方式如居圜、單獨住山、雲遊修道都不提倡。圜就是環堵，王志謹對通過這種方式修行所產生的功效並不樂觀。他說：「昔有道人坐圜有年，……此人不曾於境上煉心，雖靜坐百年，終無是處，但似繫馬而止

〔註16〕郭武：《丘處機學案》，濟南：齊魯書社，2011 年，第 9 頁。

〔註17〕郝大通：《太古集》卷四，《道藏》，第 25 冊，文物出版社、上海書店出版社、天津古籍出版社，1988 年，第 881 頁。

者，解其繩，則奔馳如舊矣。」雖然圜也是一種環境，但是王志謹卻不認為坐圜修煉是境上煉心，因為他認為坐圜者自己獨處，如果沒有極強的自覺性，就很可能只是徒有修煉的形式而失去實質，這樣的修煉即便靜坐百年也是一無所獲。為此王志謹還借助丘處機的故事論證自己的觀點：「或問曰：守圜之人，其功如何？答云：昔長春真人在山東時，行至一觀，後有坐圜者。其眾修齋次，有人覆真人言：圜中先生欲與真人語。真人令齋畢相見去。不意間，真人因出外，尋及圜所，以杖大擊其門數聲，圜中先生以為常人，怒而應之，真人便回。齋畢，眾人復請以相見，真人曰：已試過也，此人人我心尚在，未可與語。遂去之。」

王志謹不推崇住圜或許與他主張事上煉心、境上煉心有關，圜雖然也是煉心的一種境，但卻是最簡單、最封閉的境，住圜者隔斷了與外界的聯繫，也徹底失去了通過在境中應事煉心的機會。王志謹甚至以自己的經歷為例說：「往昔在山東住持時，終日杜門，不接人事，十有餘年，以靜為心，全無功行，向沒人處獨坐，無人觸著。」由此我們也可以看出王志謹的煉心主張更接近於丘處機而背離馬鈺的修行方式。王志謹對於住山同樣反對，他說：「昔有道人住山，草衣木食，誓不下山，以為屏盡塵俗之累。一日，忽有二人各持兵仗來索飲食，先生旋煮山果以待之，未及軟，其一人就釜中手取而嘗，怒而言曰：此等物與人食！便欲搗去釜底。先生初不言，見此二人怒色兼以惡言激切，先生密謀，乃因事出外，探得所藏之棒，手按大呼云：二人出來，爾等未必近得我！二人出門笑曰：先生住山養成如此勝心，不如下山為俗人去。二人遂行，望之忽不見。先生方疑是聖賢校勘，悔之不已。此是境上試不過也。」單獨住山和住圜一樣，都是封閉的環境。王志謹認為這樣的環境對於修行沒有幫助。他所舉的例子都說明無論是住圜還是住山，一旦失去了物上事上的磨練，就失去了煉心的可能。

同樣，對於單獨的雲遊修道，王志謹也不推崇。他說雲遊是「漫說雲遊，又不論心地，南去北來，千山萬水，空費草鞋，只尋便宜自在處，觸著磕著又早走也」。他認為雲遊修道只是白白費草鞋，而且還容易磕著碰著，發生危險。其實全真道並不是完全反對雲遊，王重陽就曾經論及雲遊：「凡遊歷之道有二。一者看山水明秀、花木之紅翠，或玩州府之繁華，或賞寺觀之樓閣，或尋朋友以縱意，或為衣食而留心。如此之人，雖行萬里之途，勞形費力，遍覽天下之景，心亂氣衰。此乃虛雲遊之人。二者參尋性命，求問妙玄，登巇險之高山，

訪明師之不倦，渡喧轟之遠水，問道無厭；若一句相投，便有光內發，了生死
之大事，作全真之丈夫。如此之人，乃真雲遊也。」可見王重陽並不是完全地
反對雲遊，而是反對那種徒有形式，實際上全無實質修煉的假雲遊。對於借雲
遊拜訪名師良友、互相學習交流修道經驗的真雲遊，王重陽還是很推崇的。

　　全真道前輩都有單獨修煉的經歷，如王重陽住活死人墓兩年；丘處機先後
在磻溪和隴州龍門山隱修苦修十三年，期間還有面臨虎豹等猛獸襲擊的經歷。
但是他們單獨修煉時都已經有了相對較高的修道基礎，而王志謹在《盤山棲雲
王真人語錄》中之所以反對獨自修行，是因為該語錄主要是王志謹對一般弟子
而講的修行方法。所以他對於單獨修行的反對也是基於初學者無法在缺少監
督和正面促進的條件下自覺修道的事實。另外，對於雲遊的態度也說明隨著經
濟形勢的好轉，特別是丘處機為全真道求得發展特權以後，全真道徒已經不需
要再雲遊乞食，可以專心修煉了。

　　全真道首開道徒出家住叢林制度。王重陽和丘處機都對住叢林有過專門
的論述。王重陽在《重陽真人立教十五論》中第一就論住叢林，他說「凡出家
者，先須投庵。」〔註18〕庵就是叢林。丘處機在《長春真人規榜》中也是首先
說住叢林。王志謹更是主張借助叢林修行，他曾在長真觀的夜談中，對眾普說：
「初心出家，未能獨立，須仗叢林」。夜談是全真道特有的傳統，一般由精通
教義者為道眾講授經典或者互相交流修道心得，王志謹利用夜談普遍強調叢
林的重要，顯然是對此非常認可。王志謹還用馬鈺的詞論證自己的主張，《盤
山棲雲王真人語錄》記載：「師因勸眾住叢林，乃云：丹陽真人有詞云：『學道
住叢林，校淺量深，擇其善者作知音』。若是未能明至理、挈領提衿，凡在叢
林，遞相指教，提綱挈領，共修無上心地大法門，非小可事。」

　　王志謹推崇住叢林修行的主要原因是因為叢林有嚴格的管理制度和體
系，對於弟子有嚴密的制約作用。王志謹所生活的時代，中國正處於分裂和戰
亂之中，大批民眾為了生存和躲避戰火避入道門，尤其是丘處機為全真道爭取
到發展特權之後更是如此。面對規模龐大且魚龍混雜的弟子，最有效的管理辦
法就是讓他們住叢林，集體管理。住叢林既然是集體生活，就必然會有分工，
每個修道者都需要承擔相應的職責，從事相關的勞動，丘處機稱從事這種勞作
為「打塵勞」。王志謹認為性鈍之人要正視自己天分不足的現實，從最簡單的
勞作修行開始。《盤山棲雲王真人語錄》記載：「師云修行之人若玄關不通，心

〔註18〕郭武：《王重陽學案》，濟南：齊魯書社，2016年，第143頁。

地不明，則其業識不能無為者，蓋為無福德故也，乃當於有為處、教門中隨分用功，接待方來，低下存心，恭敬師友，常行方便，屏去私邪，久久緣熟，日進一日，自有透得處，不勝如兩頭空擔？不能無為，不能有為，因循度日，無功無行，穩處著腳，甜處著口，閒管世事，鬧處出頭，恣縱身心，不懼神明，打算有日，豈不聞長春真人云：『心地下功，全拋世事，教門用力，大起塵勞。』又無心地工夫，又不教門用力，因循過日，請自思之，是何人也？」王志謹在此借用丘處機的教諭說明性鈍者通過打塵勞也可以實現「心地明」的目標。具體的塵勞內容很多，僅《盤山棲雲王真人語錄》中記載的就有住持山門、做木工、在廚房做事等，王志謹認為這些都是可以幫助煉心或者檢驗煉心效果的方法。

　　王志謹提倡住叢林修行的另外一個原因就是修行者可以在叢林中拜師，相互促進，共同進步。王重陽對拜師修道非常看重，他說：「若求師不勤，豈至於道？」〔註19〕他還有詩言：「得遇名師歸正道，迴光返照心頭考。自然開悟絕塵情，個內修完仙不老」〔註20〕。郝大通曾用「出家稟意望求仙，必在真師口訣傳」〔註21〕的詩句以說明拜師問道的重要。王志謹也認為拜師很重要，他說：「出家人久居叢林，朝夕訓誨，朝夕磨煉」，即住叢林者可以朝夕得到師父的教誨。他認為學道不拜師，就好比走路的人迷了路還不求問，他感慨世間很多簡單的事都需要跟從老師學習，何況修道求長生這樣的根本大事呢？

　　住叢林還有一個好處就是能夠與身邊道友取長補短，共同修道。王重陽在《重陽立教十五論》中第六論即講合道伴，他說：「道人合伴，本欲疾病相扶，你死我埋，我死你埋。然先擇人而後合伴，不可先合伴而後擇人。不可相戀，相戀則繫其心，不可不戀，不戀則情相離。戀欲不戀，得其中道可矣。有三合、三不合。明心、有慧、有志，此三合也。不明著外境、無智慧性愚濁、無志氣幹打哄，此三不合也。立身之本在叢林，全憑心志，不可順人情，不可取相貌，唯擇高明者是上法也。」〔註22〕王重陽認為結道伴的關鍵是要選好人做道伴，

〔註19〕王嚞：《重陽真人金關玉鎖訣》，《道藏》，第 25 冊，文物出版社、上海書店出版社、天津古籍出版社，1988 年，第 803 頁。

〔註20〕王嚞：《重陽分梨十化集》卷下，《道藏》，第 25 冊，文物出版社、上海書店出版社、天津古籍出版社，1988 年，第 796 頁。

〔註21〕郝大通《太古集》卷四，《道藏》，第 25 冊，文物出版社、上海書店出版社、天津古籍出版社，1988 年，第 881 頁。

〔註22〕王嚞：《重陽立教十五論·論雲遊》，《道藏》，第 32 冊，文物出版社、上海書店出版社、天津古籍出版社，1988 年，第 153 頁。

為此他專門提出了三合三不合，即有心、有慧、有志向的人可以合；容易被外界環境所左右且迷戀外境的人、沒有智慧的人、不能立志修道的人不可作為道伴。王重陽還強調，合道伴不能強求，要先找到合適的人。王志謹也認為結道伴非常重要，而且他也強調要選擇好的道伴，他把道伴分成三等，即云朋霞友、良朋知友和狂朋怪友：「然有三等，有雲朋霞友，有良朋知友，有狂朋怪友。凡有志節，煉心地，究罪福，絕塵情，逍遙方外，同志相求，遂為篤友，此等謂之雲朋霞友也，以其心與雲霞相似，塵事礙他不住故也；又有習學經教，琴書吟詠，高談闊論，褒貶是非，此等謂之良朋知友，以其雖不煉心，亦不作惡故也；又有一等，不治心地，不看經典，不顧罪福，出語乖訛，作事狂蕩，觸著一毛，便起爭鬥，誇強逞俊，恃力持勝，欺壓良善，相率成黨，此等謂之狂朋怪友。」結道伴要交結雲朋霞友，至少也要是良朋知友，狂朋怪友是萬萬不可交的，因為「若自性鈍滯，又無見趣，每日常與同類相從，交結塵俗，塵境緣熟，久必退道，或遭魔境，作地獄見，無人救援，一向沉墮，深可痛哉」。如果交結的都是裝腔作勢、輕狂乖張的俗友那不但對修道於事無補，甚至會起反作用。

最後，王志謹強調不論拜師還是結伴畢竟都只是借助他人力量，不能代替自身的努力，他言：「修行之人正眼不開，圓機不發，但向別人蹤跡上尋覓，言句上裁度，終無是處，喻如無眼人，雖聞人說日月之光，終不自見，只是想像，蓋不曾向自己心上下工夫也」。道本身就不可言說，內丹修煉更是一種因人而異的實踐，所以王志謹在此提醒道徒，他人只是幫助修道的媒介，要想修道成功最終還是要靠自己。

綜上所述，王志謹認為，境上煉心的目的就是要通過不同的境遇磨煉修行者的心智，無論是住菴、雲遊還是住叢林，修行者都要時刻注意煉心，煉心主要靠自身努力，名師、良友都只是幫助煉心的輔助手段。

第三節　功行煉心　常應常靜

王重陽辭世之後，全真七子及其後學逐漸脫離了「匯通三教」的祖訓，以道教自視。比如丘處機西行觀見成吉思汗就被全真教內部視為「老子西行化胡」的重演。不過，在中國傳統的天人合一圖式下，道教與儒家一樣背負著順天佐命、協調人我的任務，也就不可避免地借助類似儒家的倫理規範去關注形

而下的具體事務。這一點與佛教大乘空宗通過證「空」實現解脫不同。但道教又不能完全附身屈就於從道性視角已經證明為虛幻的此岸世界，於是王志謹借用《清靜經》的「常應常靜」來表達這種既嚮往彼岸又不得不顧及此岸的心境。正因為對於此岸不能不顧，對於彼岸又念念在茲，故而將在此岸世界的行為定為荃蹄，以期藉此到達超脫的彼岸。

全真道追求功行素有傳統，王重陽建立全真道時就力圖融通三教，為此他吸收儒家倫理和佛教的慈悲思想，明確提出了「功行雙全」的修煉理論，強調把內丹修煉得道成仙和濟物利人相結合，統一真功和真行。他在《三州五會化緣榜》中借用晉真人之口給功、行做出明確的定義，他說：「若要真功者，須是澄心定意，打疊神情，無動無作，真清真靜，抱元守一，存神固氣，乃真功也。若要真行者，須是修仁蘊德，濟貧救苦，見人患難，常行拯救之心，或化誘善人入道修行。所行之事，先人後己，與萬物無私，乃真行也。」〔註23〕在王重陽看來，真功即內丹道教抱元守一、存神固氣等內煉工夫，真行則是濟貧救苦、傳道弘教、苦己利他的濟世情懷，以及先人後己等倫理準則。

王重陽的這一主張被丘處機所繼承，尤其是其西觀成吉思汗歸來後，道眾的急速增多和道門事務的日益繁瑣使丘處機開始強調借助儒家思想重新解釋功行。他將事功看成修道的重要方式，主張通過做事積功德而修道成仙。丘處機宣揚：「修真慕道，須憑積功累行，若不苦志虛心，難以超凡入聖。或於教門用力，大起塵勞；或於心地下功，全拋世事。並克己存心於道，皆是致福之基」〔註24〕尹志平接任全真掌教以後，甚至將修煉的終極目標定為儒家所追求的聖賢。

由於受到丘處機和尹志平功行思想的影響，王志謹在以心煉心和借境煉心之外還主張通過功行煉心。不過在王志謹看來，積累功行和借境煉心一樣，都只是煉心的手段和方式，是荃蹄，最終的作用必須通過修道者內在的以心煉心來產生效果。

《盤山棲雲王真人語錄》記載：「師因有作務，普說云：昔東堂下有張仙者，善能木工，不曾逆人，謙卑柔順，未嘗見怒形於色。眾皆許可而常讚歎，遂聞於真人。真人曰：未也，試過則可，喻如黃金，未曾煉過，不見真偽。一

〔註23〕王嚞：《重陽全真集》卷十，《道藏》，第 25 冊，文物出版社、上海書店出版社、天津古籍出版社，1988 年第 748 頁。

〔註24〕丘處機：《長春丘真人寄西州道友書》，見趙衛東輯校《丘處機集》，第 142 頁。

日令造坐榻，其人應聲而作，工未畢，又令作門窗，亦姑隨之，已有慢意，工未及半，又令作匣子數個，其人便不肯，遂於真人前辯證，欲了卻一事更作一事。真人乃云：前因眾人許汝能應人不逆，未曾動心，今日卻試脫也。修行之人，至如煉心應事，內先有主，自在安和，外應於事，百發百中，何者為先，何者為後，從緊處應，粉骨碎身，惟心莫動。至如先作這一件又如何？先作那一件又如何？俱是假物，有甚定體？心要死，機要活，只據目前緊處應將去，平平穩穩，不動不昧，此所謂『常應常靜』也。」

　　王志謹提出「常應常靜」的主張，因為他認為大千世界在道面前都只是暫時的、虛假的，唯有人心內所秉承的道以及由此所產生的真性、真心是真實的。所有的事務本身並沒有意義，其唯一的價值就是幫助修道者通過做事來煉心，所以先做哪一件後做哪一件都不重要，重要的是「應事煉心」。不過由於弟子大多是初學者，道行不夠深，為了防止弟子「以空對空」，無處下手，他強調外事雖然是假，但通過做事以煉心這件事本身卻有意義，所以還是不可不應。當有弟子問什麼是功行？他回答：「合口為功，開口為行。如何合口為功？默而得之，無思無慮，緘口忘言，不求人知，韜光晦跡，此是合口為功也。如何開口為行？施諸方便，教人行持，利益群生，指引正道，是開口為行也」可以看出他認為的「功」就是以心煉心的工夫；而「行」則是利益他人、給別人施以方便等善行。

　　丘處機在古稀之年不畏長途跋涉，西行勸諫成吉思汗止殺、保民，休養生息。王志謹則在七十高齡帶領弟子在陝西開通澇水，解決當地的灌溉難題，造福當地百姓。可見王志謹與丘處機一樣，以實際行動踐行「功行證道」的主張。

　　不過，不論王志謹如何看重外功，他都只是把外功看成煉心的荃蹄之具。一旦弟子有了一定道行，那就必須回歸煉心的「本宗」，而不能執拗於外功了。王志謹說：「昔東堂下遇雨，知事人普請不擇老幼搬坯，眾皆競應，唯一老仙安坐不出。事畢，大眾團坐，有言於長春真人者，真人呵之云：坯盡壞，值幾何？一人煉心，端的到休歇處，如寶珠無價。」他在此借丘處機之口強調一切功行都沒有煉心可貴。《盤山棲雲王真人語錄》還記載「或有醫者問云：某行醫道，死者救活百餘人，其果如何？答云：直饒救盡天下人，亦不如救自己生死去。世間福報有盡限，自己修煉到無生死處，此福無限量。」可見王志謹認為功德只是煉心的媒介，如果以為有了功德就可以不煉心，那就是捨本逐末了。當有匠人問自己修大殿，不徵工價有何道果時，王志謹回答不如清靜人默

坐一時辰。在王志謹看來，一味地追求事功而放棄煉心就是櫝珠不分、南轅北轍。他說：「若不煉心，認物為我，則一向慳貪習性，窄隘罪過尋俗，誤卻前程矣。」在他看來，應事只是性鈍者煉心的一種手段和媒介，不論應事者取得多麼大的功德，這種功德本身都沒有價值。

打塵勞不僅需要修行者付出巨大的耐心，還需要吃苦。全真道向來有苦修的傳統。王重陽為了度化馬鈺曾在隆冬時節鎖庵齋居百日，不僅不用爐火而且每日只食一餐飯，穿布衣草鞋，屋內也只放一席一几。丘處機、譚處端、王處一、郝大通等都有苦修的經歷。這既是全真道對當時社會環境的適應，也是糅合道家「大道至簡」、儒家「苦其心志餓其體膚」和佛教苦行思想的一種方式。王志謹也提倡就苦修行，他說：「自來學道之人，必須苦己利他，暗積功行」，可見王志謹認為幫助他人很可能就要苦己，但這是煉心的好時機。不僅如此，在王志謹看來，世人眼中的苦只是幻覺，其背後實際是修道之樂，《盤山棲雲王真人語錄》記載：「或問曰：「人皆取樂，道人就苦，何也？答云：世人不知真樂，以心肯處為樂，被欲心引在苦處，便認苦為樂，每日用心計度，專求世樂，不得則憂苦攪擾，心靈永無自在，是謂大苦。學道之人不求世樂，心存大道，遇苦不苦，無苦則常樂，心得自在。凡有樂則有苦，無樂則無苦。心無苦樂，乃所謂真樂也。」在王志謹眼中，世人所說的苦不是真苦，而墮落於輪迴不得解脫才是真苦；於此相對，修道之人最終可以求得解脫，所以這才是真正的快樂。這與莊子的思想有一脈相承之處。《莊子·至樂》篇寫到：「今俗之所為與其所樂，吾又未知樂之果樂邪？果不樂邪？吾觀夫俗之所樂，舉群趣者，誙誙然如將不得已，而皆曰樂者，吾未之樂也，亦未之不樂也。果有樂無有哉？吾以無為誠樂矣，又俗之所大苦也。故曰：至樂無樂，至譽無譽。天下是非果未可定也。雖然，無為可以定是非。至樂活身，唯無為幾存。」在內心真正恬淡虛靜的人心中，世間根本無所謂樂和苦。也正因如此，王志謹提倡對身體的磨練，要「節飲食，省睡眠」因為他認為「睡是一欲，若不換過，滋長邪妄，暗昧不通，蓋屬陰界」。全真道有不主張睡眠的傳統，丘處機甚至專門提出通過搬石塊和繫草鞋來戰睡魔。內丹道教將精、氣、神作為煉就內丹的材料，而人睡夢中容易走精、漏氣，還會由於做夢等原因而胡思亂想，擾亂心頭清淨，這或許是全真道反對睡眠的原因。

不過正如做事不是目的一樣，這種就苦也不是目的，而是煉心的手段。《盤山棲雲王真人語錄》記載：「或問曰：學道之人甘受貧寒，其理安在？答云：

若但認貧苦飢寒為是，則街頭貧子艱難之人盡是神仙也。」王志謹在此說明全
真道就苦不同於世俗之人的受苦，而是藉此煉心，以求達到物我兩忘的境界，
吃苦本身只是煉心的一種手段。如果認為就苦本身就意味著得道，那滿街受苦
之人就都是得道之人了。

第五章　融儒攝釋合三教，殊途同歸終為一——王志謹心性思想的哲學特徵

　　王志謹是一位自覺融通儒釋道思想的道教學者，尤其是在汲取道家思想、統合儒家和佛教的精神理念方面，他博採眾家之長，取長補短，讓道教心性思想抓鐵有痕，握拳透掌。當時，儒學儘管由於時局而式微，然而其在思想意識形態領域內的正統地位依然被社會所認可，無可替代。鑒於此，王志謹在強調道教思想優越性的同時，重視儒道思想的相通，以避免確立道教思想為治國主導精神理念的思想障礙。他力圖建構自己「以道統儒」的道教思想體系，同時適應了儒、道融合發展的客觀趨勢，亦推動了儒學利用道教思想對自身的改造和完善，為宋明理學的發展奠定了思想基礎，體現了宋末元初思想文化合久必分、分久必合的發展趨勢。

　　與此同時，王志謹才華橫溢，語言樸實甚至帶有少許幽默，兼具美學和哲學的意蘊，把高深難以表達的修道體驗融入平常的叢林生活，充分表達了其深入淺出、宏大敘事的道行和輕鬆睿智的表達藝術。

第一節　丘處機和馬鈺的心性思想特點

　　因為本章涉及到王志謹與馬鈺、丘處機心性思想的對比，所以我們有必要對二人的思想特點進行簡要介紹。

一、丘處機的道教哲學思想

丘處機哲學思想的主要內容首先表現為仁慈反戰的和平思想。深受儒家仁愛思想影響的丘處機，基於當時戰火連綿的時代背景，指出仁慈是獲得和平的基本途徑，因為眾生皆有道性，眾生本應平等。面對戰亂硝煙，他強烈呼籲統治者憐愛黎民蒼生免於性命之憂。明昌四年（1193 年）黃河泛濫，饑民流離，瘟疫頻發，他悲憤蒼天置眾生千瘡百孔，呼籲每一個世人，尤其是每一個道徒要積德行善，常懷悲天憫人之心。他認為以仁慈為本，行善救難，方可成仙。他對民眾的苦難充滿同情，並希望通過自身的努力使其苦難解除。因此，丘處機率徒弟祈雨，且疾呼：「安得人心似我心，免遭痛徹臨頭厄。」除提倡仁慈之外，丘處機還渴望和平。磻溪隱居時，在金世宗的統治下，社會有了短暫的安寧，丘處機十分喜悅。然而好景不長，成吉思汗闢地千里，殺人如麻，黎民蒼生恐將不得保全。見聞此狀，他不顧高齡之軀，毅然決然率領弟子西行大漠，以自己西觀之勸誡止殺，拯救百姓於苦海。可以看出丘處機作為宗教領袖仁慈的一面，如《老子》所言：「是以聖人常善救人，故無棄人」。

丘處機還有濃厚的入世思想，即無為即有為。道是萬物的本體，它的產生不受任何外力的作用，所以道是無為的。而萬物皆由道而生，因之，道又是「無不為」的。老子試圖要求人們效法「道」，以「無為」為綱要，順其自然，清靜寡欲，與世無爭，慎行遠禍，不可妄自作為。王重陽完全繼承了這一教義，力主棄世離俗，拋家專修，要求弟子不問世事，煉氣養生，將自己置於虛空之地。而丘處機卻與以上觀點截然相反。他從道的高度對「有為」和「無為」之間的關係進行理論上的論證。丘處機認為，所謂「有為」和「無為」，不過是道在動靜之時互為體用的表現，動則以「無為」為體，靜則以「有為」為體。就本質而言，他們都是道，不過是道的特性的不同表現形式。「無為」和「有為」不再是一對矛盾的哲學範疇，而是道的一體兩用。人們循道行事，就要根據道的要求，正確理解「有為」與「無為」的含義，發揮好道之「用」。他得出結論，無為即有為，無為即無所不為。其詩曰：「有動緣無動，無為即有為。三光不照處，萬象顯明時。」在政治層面，丘處機在「存無為而行有為」的入世思想的指導下，一改往日全真教不睬世事的形象，開始結交權貴。當然，在與權貴交往的過程中，也積極為封建政權效力。在宗教問題上，丘處機的入世思想表現為把「打塵勞」納入道徒必行的外日用之內。所謂打塵勞即是服勤苦，就是折其強梗驕吝之氣。而在具體實踐上，服勤苦，即為盡心建立宮觀，發展

教徒，壯大隊伍。打塵勞一旦被納入外日用，就和道徒所追求的成仙目標聯繫起來。即外功全在自身，自己用力則可得功。功是得道成仙的階梯，功的大小深淺取決於自身的努力程度。所以，打塵勞積功是得道的重要途徑。丘處機告誡弟子，重作塵勞，不容少息。在這一思想的影響下，數年間，全真教道觀的增加速度如雨後春筍，一躍成為北方道教大宗。

在內丹修煉方面，丘處機堅持性命雙修。丘處機的內丹思想是對王重陽內丹思想的繼承和發展。在內丹心性學說方面，對正念和邪念、真心和常心、性和命等作了較為仔細的區分，對其相互之間的關係和作用做了深入探討。在內丹理論的核心問題，即修煉步驟上，從三教合一思想出發，以王重陽心性理論作為指導，對修性過後怎樣達到修命目標的過程及途徑作了系統的闡釋。道家有南北二宗，南宗不信性，北宗則是性命雙修。北宗先學心性，叫作性宗，繼而以坐功得丹得藥，稱作命宗。因之，曰性命雙修。丘處機認為，道生萬物，萬物生而有性，元神即性，任何形體中都有性。人因有七情六欲從而使性迷惑，而不得返樸，所以需煉性，讓其歸本。與此同時，丘處機更重視命功。據《長春真人語錄》記載：「吾宗唯貴見性，水火配合其次也。大要以息心凝神為樞機，以明心見性為實地，以忘識化障為作用，回視龍虎鉛汞，皆法相而不可拘執。反次便為外道，非吾徒也。」由此可見，丘處機關於性命問題，主張以性為主，命為輔，先性後命，性命雙修，非輕視命功。他認為，性與命是相互依存，缺一不可的。為了論證修行，丘處機著《青天歌》，而為了論證修命，又著《西江月》十六首和《大丹直指》。凡此種種，都表明丘處機內丹思想是以雙修為主旨，在重視性的同時又重視命，二者不可偏廢其一。甚至明確提出「三分命工，七分性學」，甚至「只稱性學，不得稱命功」。〔註3〕因其對性命關係的重新界定，使修性成為全真道最主要的修煉方式，而性的修煉要通過心來完成，煉心是修性的主要手段，因此心性論成為丘處機全真道修煉思想的理論基礎。丘處機心性論的核心內容是「心空性見」，即通過煉心來呈現真性，而要達到「心空性見」，就必須經過由「不動心」「虛心」到「無心」的煉心過程。在這個過程中，三者之間並不是並列的，而是一個由外到內、由下到上的遞進過程。「不動心」重在截斷外在事情對心的干擾，「虛心」主要是清除心中的欲念，這兩種狀態的「心」仍屬於形下的存在；只有「無心」方能去除一切執著，

〔註1〕　《邱祖語錄》，轉引自趙衛東：《丘處機心性論探析》，《中國哲學史》2022 年第 6 期。

真正實現「心空性見」。在全真道「三教合一」宗旨影響下，丘處機的心性論表現出以下特徵：首先，區分道心與人心、道性與眾生性，並將道心與人心、道性與眾生性對立起來，這顯然是受到了宋代理學家的影響。其次，將道性或真性視為人之本來面目，將「心空性見」作為真性呈現的途徑，將苦行作為煉心的主要方式，這是受到了佛教禪宗的影響。最後，以煉心作為修性的主要方式，以後天返先天作為修煉的主要指向，又具有顯明的全真道自身的理論特色。丘處機的內丹思想是對王重陽思想的繼承，並將三教圓融貫穿其中，在他的內丹心性理論中，融入大量的禪宗「正念」「邪念」「不動心」「真心」等概念，煉心最終也是達到一念無空的境界。而他的命功原理則以中國哲學中的陰陽元氣論和五行生剋說為理論基礎。同時，丘處機的心性之正念中，也包含了仁、善、慈等儒家觀念。丘處機的內丹方法，簡明扼要，易學易記，便於宗教實踐，給修煉者帶來極大的方便，這也是全真教在丘處機掌教時期發展鼎盛的原因之一。

二、馬鈺內丹修煉思想的特點

馬鈺的內丹道直承王重陽而來，從某種意義上說，馬鈺是王重陽內丹道的真正傳人。王重陽收取全真七子之後，自知壽期將近，把教授的重點放在馬鈺身上，希望自己仙逝之後，馬鈺可以承擔起傳授其他六子的重任，所以他臨終時把內丹口訣傳授給了馬鈺。首先，以性命雙修、命中養性、性可兼命為宗旨。王重陽在創立全真道之初，就明確提出「性命雙修」的宗旨，《重陽真人金關玉鎖訣》云：「人了達性命者，便是真修行之法也。」馬鈺受王重陽影響，也把「性命雙修」作為其內丹修煉的宗旨，其詩詞中有關「性命雙修」的言論可謂俯拾皆是。比如，《贈王庵主》云：「學道來，常坦蕩。除性命二字，別無妄想。」《贈華亭十殿試》云：「勸諸公、名利灰心，早修完性命。」《功圓》詩云：「意淨心香三處秀，命通性月十分圓。」除此之外，馬鈺還有一首詩對「性命雙修」之意表達得更為明確，其《贈鳳翔府迎祥觀眾大師》詩云：「命清得長生，性靜能久視。命乃氣之名，性乃神之字。氣是神之母，神是氣之子。子母成真一，真一脫生死。」命即氣，性即神。《重陽真人授丹陽二十四訣》云：「性者是元神，命者是元氣，名曰性命也。」《丹陽真人直言》云：「夫大道無形，氣之祖也，神之母也。神氣是性命，性命是龍虎，龍虎是鉛汞，鉛汞是水火，水火是嬰姹，嬰姹是陰陽，真陰真陽即是神氣。種種異名皆不用著，只是

神氣二字。」「氣是神之母，神是氣之子」是說氣與神是母子關係，兩者相依相生，不可分離。同樣，命與性亦是母子關係，命為性之母，性為命之子，性由命生。若結合身心關係言之，身為命，心為性，修身即修命，煉心即煉性，無身則無心。「子母成真一」即是神氣合一、神氣沖和，而神氣合一、神氣沖和即是「性命雙修」「性命圓融」。其次是以出家、清靜、悟死為主要特徵。在全真七子中，丹道修煉方面與王重陽最接近的便是馬鈺。但因丹道修煉所具有的個體性特徵，馬鈺的性格特點、文化素養、人生經歷、生存境遇等因素，對其丹道修煉產生深刻影響，這使馬鈺的丹道修煉在深受王重陽影響的同時，也形成一些自身的特徵。

　　具體講來，馬鈺丹道修煉的主要特徵有出家、清靜和悟死三個方面。雖然早在南北朝時期就已經出現道士住道館和不婚娶現象，而且這種現象到唐代更加普遍，甚至唐宋時期還出現了專門的出家受戒科儀，但出家並未成為對道士的強制性要求，也未成為道士必須遵從的戒律，直到金元時期全真道出現，出家才真正成為全真道士必須遵從的一項制度，而這項制度的形成與王重陽及其後繼者馬鈺有極大關係。按照《終南山神仙重陽真人全真教祖碑》記載，王重陽在「甘河遇仙」之後，「自此棄妻子，攜幼女送姻家，曰：『他家人口，我與養大。』弗議婚禮，留之而去」由「棄妻子」「送幼女」來看，王重陽在「甘河遇仙」之後就有了出家的行為。他也屢屢勸說馬鈺等要速離火院，認為家緣、親情乃修道的最大障礙，修道必須要跳出火院，拋卻家緣。他在度化馬鈺與孫不二時曾以隱晦的方式勸說馬鈺夫婦出家。拜師王重陽之前，全真七子中只有馬鈺和譚處端已婚，所以出家對於他們來說更具有非凡的意義。馬鈺出家之前，有家財萬貫、賢妻聰子，且在當地具有較高的社會地位，這一切都加重了他對家的依戀與執著。而在王重陽看來，馬鈺出家前所擁有的一切，恰恰是他修道最大的障礙，若想修道有所成，就必須拋棄這一切，只有先出家才能修道。正因為馬鈺對出家前自己所擁有的一切有極深的執著，所以為了度化他，王重陽可謂竭盡所能。王重陽在通過分梨賜芋栗的方式勸化馬鈺的同時，還經常贈馬鈺詩詞以喻其意，而馬鈺也同樣以詩詞與王重陽唱和，表達自己的出家意願。王重陽仙逝之後，孫不二曾至陝西尋找馬鈺，希望重修夫婦之好，而馬鈺以詞相贈，表明自己的出家心志。這充分說明了馬鈺出家的決心及對王重陽出家理念的繼承與持守，「出家」成為其丹道修煉的一個重要特徵。

　　王重陽之所以要求全真道士必須出家修道，主要目的乃是為了清靜。王重

陽極為重視「清靜」，將其視為全真道士修道的「捷徑」「門戶」「天機」等。《重陽全真集》卷《漁家傲》詞云：「跳出凡籠尋性命，人心常許依清靜，便是修行真捷徑。親禪定，虛中轉轉觀空迴。」《重陽教化集》卷《三州五會化緣榜》云：「諸公如要修行，饑來吃飯，睡來合眼，也莫打坐，也莫學道，只要塵凡事屏除，只用心中『清靜』兩個字，其餘都不是修行。」。這顯然是將「清靜」視為在家修行之人唯一的修行方式。馬鈺在全真七子中受王重陽影響最大，因此他最強調身心清靜在丹道修煉過程中的作用，可以說完全繼承了王重陽關於清靜的思想。在金元以前的道教經典中，對「清靜」二字闡發最好的無疑是《清靜經》，王重陽曾將其與《道德經》《陰符經》《孝經》《心經》視為全真道士必讀的經典。馬鈺熟讀《清靜經》，並深得精髓。另外，馬鈺還經常勸人看《清靜經》。與王重陽相比，馬鈺對「清靜」二字在丹修煉中的重要性更為看重，將其提升到了一個無以復加的地步，視其為丹道修煉最重要的原則。馬鈺認為，除「清靜」兩個字外，其他皆不是修行，修行人只要能做到身心清靜，自然可以「全真而仙」。雖然馬鈺以「清靜」為其丹道修煉的主要特徵深受王重陽影響，但他對「清靜」二字的理解卻與王重陽並不完全一致。王重陽認為，「清靜」可以分為「內清靜」與「外清靜」，「內清靜」即「心不起雜念」，「外清靜」即「諸塵不染著」。顯然，在王重陽看來，「內清靜」是心中不起任何的雜念，而「外清靜」則是心不受外在事物的干擾，這是保持內心清靜的內外兩種工夫。馬鈺認為，「清靜」可以分開來理解，「清」是清心源，「靜」是靜氣海，「心源清」則「性定而神明」，「氣海靜」則「精全而腹實」。顯然，「清」是「澄心」的工夫，「靜」則是「養氣」的工夫。《重陽真人授丹陽二十四訣》中云：「丹陽又問：何名見性命？祖師答曰：性者是元神，命者是元氣，名曰性命也。」從這一意義上講，馬鈺所說的「清」實際上即是修性的工夫，而其所說的「靜」即是修命的工夫，「清靜」乃「性命雙修」。顯然，雖然馬鈺以「清靜」為丹道修煉最重要的法門，但他對「清靜」的理解卻與王重陽不同。王重陽將「清靜」分為「內清靜」與「外清靜」兩種工夫，而馬鈺將「清靜」理解為性功和命功。

雖然全真七子皆師承王重陽，但他們的丹道修煉卻各有特點。比如，馬鈺與丘處機的丹道修煉就有很大的不同。《清和真人北遊語錄》云：長春師父嘗言：「我與丹陽悟道有淺深，是以得道有遲速，丹陽便悟死，故得道速，我悟萬有皆虛幻，所以得道遲。悟死者當下以死自處，謂如強梁，人既至於死，又

豈復有強梁哉？悟虛幻則未至於死，猶有經營為作，是差遲也。」在丘處機看來，他與馬鈺的丹道入路是不同的，他的丹道入路是「悟萬有皆虛幻」，而馬鈺的丹道入路則是「悟死」。在丘、劉、譚、馬四子當中，馬鈺得道最快，兩年半便已得道，其次是譚處端五年得道，劉處玄七年得道，丘處機十八九年尚未得道。對於馬鈺與丘處機得道遲速有別的原因，丘處機自己也曾談到，《清和真人北遊語錄》丘處機云：俺與丹陽同遇祖師學道，令俺重作塵勞，不容少息，與丹陽默談玄妙。一日，閉其戶，俺竊聽之，正傳「谷神不死」調息之法，久之，推戶入，即止其說。俺自此後，塵勞事畢，力行所聞之法。行之雖至，然丹陽二年半了道，俺千萬苦辛，十八九年猶未有驗。祖師所傳之道一也，何為有等級如此，只緣各人所積功行有淺深，是以得道有遲速。丹陽非一世修行，至此世功行已備，用此谷神之道當其時耳，故速見其驗。俺之功行未備，縱行其法，久而無驗，固其宜也。雖然丘處機說「祖師所傳道一」，但他與馬鈺得道有遲速的原因，正在於王重陽與馬鈺「默談玄妙」，而卻令丘處機「重作塵勞，不容少息」，即兩人的修煉方法不同，這種不同也正是前面所說的「悟死」與「悟萬有皆虛幻」的差別。

馬鈺作為王重陽的大弟子，其修煉方式深受王重陽影響，但同時也呈現出自己的特徵。具體講來，其修煉方式主要有出家、離鄉、苦行、乞討、坐環等。（一）苦行。因受佛教禪宗影響，王重陽在創立全真道之初便奉行苦行原則。對於這一點，金元文人曾多有提及，元好問稱「其憔悴寒餓痛自黥劓若枯寂頭陀然」。馬鈺謹遵王重陽的告誡，入道後一直堅持苦行。馬鈺的苦行方式主要有「宿窯洞」「誓死赤腳」「夏不飲水」「冬不向火」「日啖一粥」「忍辱含垢」「去奢從儉」「服紙麻服」「食糲糧食」「手不拈錢」「夜則露宿」等，這皆為常人所不能忍、不可為的行為，馬鈺卻做到了，其為了修道，竟然苦行至此，這對於出家前曾為山東寧海富紳的他來說，實難能可貴，同時也反映出其修道決心的堅定不移和對王重陽苦行修道原則的奉行與持守。（二）乞食。「乞食」是早期全真道的重要修煉方式，當年王重陽從陝西終南山東邁山東傳道，便是一路行乞而來。從某種意義上講，「乞食」也屬於苦行的一種，其主要目的便是煉心。馬鈺出家之前是寧海富紳，在當地具有一定的社會地位，入道之初，王重陽為了讓他放下對世俗權勢與財富的執著，頗費了一番周折，而讓其上街乞食，便是打破馬鈺心中執念的重要手段。王重陽仙逝之後，馬鈺與譚處端、劉處玄、丘處機一起在長安初見王重陽早期弟子史處厚時，也曾讓其上街乞化。

在馬鈺看來，「乞食」有利於修道，而放棄「乞食」，則必「將來成道則休」。「乞食」的重要性僅次於出家，其題名為《贈姜王二先生》的《滿庭芳》詞中云：「人人學道，次敘須知。始初屏子休妻。次則離家乞食。」（三）坐環「坐環」是全真道一種非常重要的修行方式，「環」即「環堵」。「坐環」又稱之為「坐圜」或「坐缽」。全真道的「坐環」傳統從王重陽開始就已經有了，當年王重陽於「甘河遇仙」後，就曾於終南山南時村，「掘地為隧，封高數尺」，建「活死人墓」以居，而「活死人墓」即為環堵；至山東寧海後，又曾於馬鈺家坐環百日。這皆是王重陽藉環堵以修煉的證據。王重陽之後，馬鈺是全真七子中唯一一個以「坐環」為主要修行方式的人，據《金蓮正宗記》卷《丹陽馬真人》記載，早在為王重陽守喪期間，馬鈺就在終南山祖庭坐環修煉。馬鈺還有《住環堵》詩提及當時的情況，詩云：「冬雖無火抱元陽，夏絕清泉飲玉漿。蠟燭不燒明性燭，沉香無用爇心香。三年赤腳三年願，一志青霄一志長。守服山侗環堵內，無恩相報害風王。」馬鈺在修行方式上，謹遵王重陽教誨，奉行苦行原則，出家後以乞食為生，並以坐環作為主要修煉方法，這也與譚處端、劉處玄、丘處機、王處一等表現不同。總之，馬鈺的內丹修煉深受王重陽影響，謹守王重陽在創教之初所立下的宗旨、原則與方法，但也因自身的個體性與修煉實踐而形成了與王重陽不同的特徵。

第二節　以道為本　融儒攝釋

　　王重陽創立全真道即以三教融合為立教之本，雖然後繼者對三教權重的理解有所不同。但是我們必須承認，在當時三教融合的大歷史背景之下，全真道至少在思想和教理教義方面還是繼承了王重陽的思想，也為三教融合的文化發展大趨勢發揮了應有的推動作用。這一點在王志謹的思想中有鮮明的體現。

　　王志謹立足道教為其心性思想的主流和底色。首先王志謹思想體系的核心和修道的最高目標是道，他的思想是完全圍繞著體道證道而闡發的。與道合一、長生成仙是王志謹所有思想的出發點和落腳點，這從他要求弟子修道先認宗祖就可以看出來。王志謹曾言：「大抵學道之人，先要歸宗祖」那麼如何確定他所說的宗祖就是道呢？《盤山棲雲王真人語錄》記載：「或問曰：視聽食息手拈足行心思，此是性否？答云：道性不即此是，不離此是。動靜語默，是

性之用，非性之體也。性之體，則非動非靜，非語非默。古人有言：『大道要知宗祖，不離動靜語默。』」王志謹在弟子求問關於道體、道性問題的時候提到了宗祖，足可見其所說的宗祖就是道。

其次，王志謹順應金元時期道教主體旨趣，追求內丹修行。內、外丹是道教以術證道、追求長生的重要方式。由於外丹道肉體飛昇的目標很難實現，且不時有致死人命的事故出現，所以在唐末五代時期，外丹逐漸被內丹道所代替，服食丹藥的養生方法逐漸式微。但是，外丹並沒有徹底退出歷史舞臺，甚至在明清時代復起。王志謹作為盤山派掌門，在丘處機身故後有非常高的威望和影響力，也有相當大的自主權去決定自己一系的修道方式和教理教義。但是他並沒有選擇外丹道，而是沿著王重陽等前輩確立的內丹方向繼續探索。《盤山棲雲王真人語錄》記載：「或問曰：道家常論金丹，如何即是？答云：本來真性即是也，以其快利剛明，變化融液，故曰金；曾經鍛鍊，圓成具足，萬劫不壞，故名丹。體若虛空，表裏瑩徹，一毫不掛，一塵不染，輝輝晃晃，照應無方。故師祖云：『本來真性號金丹，四假為爐煉作團，不染不思除妄想，自然滾出赴仙壇。』世之人有言金丹於有形象處作造，及關情慾，此地獄之見，乃淫邪之所為，見乖人道，入旁生之趣矣。」王志謹在此使用的是「金丹」而不是「內丹」，可見在他看來金丹就是內丹，根本沒有外丹的存在餘地。他不僅引用王重陽的詩詞將金丹定義為無形無相的真性，甚至還強調，認為金丹有形象者是地域之見。佛家宗密言：「謂三道凡夫，三乘聖賢，根本悉是靈明清淨一法界心。性覺寶光，各各圓滿，本不名諸，亦不名眾生。但以此心靈妙自在，不守自性，故隨迷悟之緣造業受報，遂名眾生；修道證真，遂名諸佛。又，雖隨緣而不失自性，故常非虛妄，常無變異不可破壞，唯是一心，遂名真如。故此一心，常具真如，生滅二門，未曾暫闕。」王志謹對於金丹的定義和宗密對於佛性佛心的強調如出一轍，都是強調心性的變化才是成佛得道的關鍵，凡人與佛、神仙的區別，能否獲得金丹的關鍵也都僅僅是心性的區別而已。

最後，王志謹繼承郝大通衣缽，為傳統道教易學的發展做出了貢獻。以術演道是道教徒證明道存在的基本方式，而易學是數術學的理論根基，有很多術數是易學話語滲透和掌控之下的術數，或者說源於易學。「周代《易經》八卦六十四卦體系是我國最古老的一部占筮用書，為象數之宗，也是術數之鼻祖。」〔註2〕全真道屬於內丹道教，內丹道本身就與易學有著密切的聯繫。隋朝蘇元

_____

〔註2〕羅見今：《數術與傳統數學》，《自然辯證法》，1984 年第 5 期。

朗從魏伯陽所著的《周易參同契》中發掘闡釋內丹學說，為內丹學在唐朝的迅速發展奠定了基礎；生活在唐末的元陽子則從內丹角度重新解讀了《周易參同契》，還運用《周易》卦爻解釋丹道，開創了後世內丹道以易道釋丹道的先河。全真道雖然以鍾呂內丹道為發展基礎，但王重陽、馬鈺、丘處機等人並不擅長易學。郝大通是全真七子中唯一擅長易學之人，其易學及「太古」道號並不是傳自王重陽而是另有高人。雖然從現有文獻中無法直接看出王志謹的易學思想，但考慮到郝大通曾專門為尹志平傳授易學的事實，其對於門下弟子王志謹自然不會有所保留，因此並不能排除王志謹從郝大通處學習並進一步傳播易學的可能。此外，王志謹在當時全真龍門派風頭正勁的背景下堅持其郝大通一系的師承關係，並稱自己一系是「教外別傳」，本身也是一種對郝大通易學思想的支持。

　　王志謹心性思想對於禪宗多有融攝，最鮮明的特點是吸收禪宗的明心見性思想，將心性修煉提高到盤山派修煉的核心和統攝地位，以心性的明澈代替全真道對精、氣、神的運煉。雖然全真道自王重陽開始就有重性輕命、先性後命的思想傾向，但是卻從沒有人如王志謹這般看輕命功。王重陽曾在《重陽真人授丹陽二十四訣》中將宗祖定義為性命，他說「宗者是性也，祖者是命也，名曰祖宗」。〔註3〕可見王重陽認為命是祖，性只是宗，命甚至比性還要重要，其對於性命雙修的重視可見一斑。王重陽還說「性命本宗，元無得失，巍不可測，妙不可言，乃為之道。」〔註4〕對王重陽來說，道不是單純的性，而是性命。他在詩詞中也對命功多有提及，他有詞：「木上如求金上虎，水中須養火中蓮。諸公要識刀圭法，願助王風鐵罐錢」。〔註5〕傳統內丹道借用外丹道的水火比喻呼吸的輕重緩急，而刀圭指的則是治陰鬼的方法，王重陽在《重陽真人金關鎖玉訣》記載：「問曰：陰鬼如何治之？答曰：用刀圭之法」，〔註6〕所以本詞明顯是在談命功修煉。丘處機雖然強調以功行證道，但對於命功也非常重視，他著有《大丹直指》，專門談及龍虎交媾、周天火候、肘後飛金晶三節

〔註3〕王嚞：《重陽真人授丹陽二十四訣》，《道藏》，第25冊，文物出版社、上海書店出版社、天津古籍出版社，1988年，第807頁。

〔註4〕王嚞：《重陽真人授丹陽二十四訣》，《道藏》，第25冊，文物出版社、上海書店出版社、天津古籍出版社，1988年，第807頁。

〔註5〕王嚞：《重陽全真集》卷一，《道藏》，第25冊，文物出版社、上海書店出版社、天津古籍出版社，1988年，第692頁。

〔註6〕王嚞：《重陽真人金關鎖玉訣》，《道藏》，第25冊，文物出版社、上海書店出版社、天津古籍出版社，1988年，第803頁。

等命功修煉方法。郝大通的金丹詩也談及命功修煉，如「五五純陽足有功，大
圓乾象以為宗。降形直入滄溟窟，混體攸躋窈漠中。有遇坎男騎白鹿，無為離
女跨青龍。當期一遘三千日，鶴化烏龜石化松。」〔註7〕還有「學仙須是煉金
丹，鉛汞將來鼎內安。用火周天依次敘，添功歲月莫盤桓。存神先使心頭靜，
養氣休令舌下乾。十二時中無懈怠，自然性命保全完。」〔註8〕等等。

　　只有王志謹以性功完全代替命功，當弟子問題性命之事如何護持，他答
道：若在萬塵境界內來去滾纏，雖相應和，要自作得主，不一向逐他去，事不
礙心，心不礙事，如護眼睛，但有纖塵，合眼不受，如此保護，久久見功。但
心有受，即被他物引將去也，便作主不得。」這是直接將命功修煉歸結為心不
礙事、不離事的心頭工夫。遍觀《盤山棲雲王真人語錄》，完全不見王志謹對
於呼吸吐納、大小周天等命功修煉有絲毫提及。本文認為王志謹注重心性進而
以性統命的做法對於全真道甚至中國傳統哲學的發展有客觀上的促進作用。
中國傳統哲學的歷史簡而言之是一個由術向道的漸近過程，道教不僅順應了
這樣的大趨勢而且在此過程中得到了不斷的發展和進步。具體表現為由注重
符籙祈禳的漢末道團改革為注重存神外丹的魏晉道教，進而為崇尚思辨重玄
的隋唐道教，直至宋元時期，內丹道達到鼎盛並基本取代繁複的外丹道教。在
此過程中，道教修行的重點由人體的肉身逐步轉向內部的精氣神，再進而直指
人心，修行的方式漸趨簡單易行，這對於全真道盡可能多地吸收、度化因戰亂
而流離失所的社會閒雜力量，從而穩定時局、淨化社會風氣都起到不可估量的
作用。同時，這也打破了傳統的儒、釋、道三教之間的藩籬，使得原本對抗居
多的三教在心性學找到了對話的共同點，彼此對話、互相借鑒，從而共同奠定
了近一千年中國文化的發展基石。

　　王志謹之受禪宗的影響，還可以從其使用禪宗公案的傳道方式中得以證
明。公案最初是官府判定的案例，後來禪宗借鑒此方法把歷代高僧的言行記錄
下來，作為後來坐禪者修行的指示。久而久之，公案成為了坐禪者需要參悟的
一種對象。《盤山棲雲王真人語錄》記載了幾個故事：「或問如何是玄妙？答云：
誰教汝作此問？其人拱手云弟子自出意來。答云：恁麼，則汝自會也。」類似
的還有「或問曰：未來過去心則不問，如何是現在心？師正視云：此不是現在。

〔註7〕郝大通：《太古集》卷四，《道藏》，第25冊，文物出版社、上海書店出版社、
　　　天津古籍出版社，1988年，第879頁。
〔註8〕郝大通：《太古集》卷四，《道藏》，第25冊，文物出版社、上海書店出版社、
　　　天津古籍出版社，1988年，第881頁。

－105－

復低頭云：此不是現在。反問云：汝會得也未？其人笑云：會不得。師復云：大開著眼，一個現在也不會，更說甚過去未來？」王志謹這種不明確回答弟子，讓弟子自己去體悟的方式頗有幾分禪宗公案的意味。甚至王志謹自己也聲稱「自家亦有如此公案，便數他人珍寶作甚麼？」全真道與傳統道教的一個顯著不同就是十分重視心性修煉，由於禪宗心性論的透徹、圓融，元朝後期的很多全真大師為了論述煉心工夫會引用禪宗語錄和公案，甚至會仿照禪宗公案而制作道教公案。〔註9〕可見王志謹的思考方式和傳道方法在全真教內的影響之大。

王志謹與禪宗最大的相似點還在於對心體的表述方法。禪宗多用比喻來描述心，而王志謹也將真心比喻為山、水、風、月等。二者思路大致相同，就是儘量不用確定性的語言來界定最終追求的本體。此外，王志謹還一反馬鈺等人將真心定義為清淨的做法，改用禪宗的虛、空來定義心。《盤山棲雲王真人語錄》記載：「或問曰：若到清淨無為處，是徹也未？答云：此以體言，似是而非也。至於端的處，則不可言，不可思，不可以知知，不可以識識，妙絕名言，方始相應，不即動靜，不離動靜，豈可以無為清靜而定之哉？」這是明確地主張不能把真心僅僅定義為清淨。張廣保先生認為這條語錄是「地道的禪宗貨」。〔註10〕

禪宗創立之初曾經因為其不立文字、看重勞作等教義而被視作為佛祖的教外別傳。或許正是因為意識到了自己與禪宗有如此多的相似，王志謹才將自己一系稱為「教外別傳」，《盤山棲雲王真人語錄》記載：「師云：向上師真所傳要妙，行事之際密符天意，豈可執一端便為道哉？以跡觀之，古人用處各各不同，妙本靈源未嘗有異，喻如人心之用，在目為見，在耳為聞，在口為言，在心為思，在手為拈，在足為行，所用不同，心體無別。況今師真密旨，所謂教外別傳，言思路絕，悟者自得，乃是真師密傳之妙也。」。

當然，王志謹畢竟是道教全真弟子，其修行的終點是煉成金丹，並憑藉金丹實現長生，而不是禪宗追求的寂靜涅槃。雖然從《盤山棲雲王真人語錄》中很難發現王志謹對於命功的提及，但從其要求弟子煉出真心後繼續呵護來看，

〔註9〕張廣保：《金元全真內丹心性學》，上海：上海文化出版社，2001 年，第 279 頁。

〔註10〕張廣保：《金元全真內丹心性學》，上海：上海文化出版社，2001 年，第 136 頁。

其應該有後續的命功，只是命功在其思想中所佔的權重不大，沒有在《盤山棲雲王真人語錄》中提及罷了。

此外，禪宗對於善、惡，正、邪等對立觀念並不強調，最終追求的是泯滅這種對立的境界，而王志謹則由於受到理學心性論的影響而有限度地肯定善的積極作用，如他將善心等同於正念，還將行善作為逃脫六道輪迴的憑藉。

在中國傳統社會背景下，儒、釋、道三教多數時間以儒學為正統。這是由於儒學自創立之初就始終稟有的重禮、仁愛、忠孝、節義等思想既能被統治階層輕易轉化為忠君報國等有利於維護統治的思想，又便於轉化為親親、尊長等便於社會治理的觀念。更為重要的是儒家始終追求的「士窮不失義，達不離道」〔註11〕「知其不可而為之」〔註12〕等人生態度鼓舞歷代儒家士子為中國社會的發展和進步做出了積極貢獻。

王重陽雖然號稱融通三教，但作為一個落魄的儒生，他對儒學本身並沒有太多的認可。只是在全真道教團組織基本建立之後，為了教團管理的需要而借鑒儒家的倫理內容，以便在內確定全真道教規，在外爭取統治階層和世俗社會的認可。馬鈺掌教以後對儒學基本持冷漠態度，在融通儒學一事上絲毫不積極。劉處玄、王處一掌教時，全真道對儒學的態度才稍有緩和。真正將儒學內容大量融合進全真道的人是丘處機。丘處機本就在思想上主張通過外日用修道，在西觀成吉思汗之前，他就曾幫助金朝統治者招撫山東地區的農民起義軍。西觀歸來以後，丘處機更是大興土木、廣開教門，積極追求有為。丘處機曾有詩句：「一陰一陽皆為道，太過不及俱失中」〔註13〕由此可以看出，他將儒學重要的概念「中」作為求道的方法，認為道就是不偏不倚，恰到好處。接替丘處機擔任掌教的尹志平則一改全真道把命解釋為氣等物質的傳統，將命定義為「天所賦者」，這近乎儒家天命的翻版。尹志平還把心稱為平常心，認為平常心就是「發而能中其節而不傷中和之氣」〔註14〕，這與儒家「喜怒哀樂

〔註11〕《孟子·盡心上》，朱熹集注、陳戌國標點：《四書集注》，長沙：嶽麓書社，2004年，第386頁。

〔註12〕《孔子·憲問》，朱熹集注、陳戌國標點：《四書集注》，長沙：嶽麓書社，2004年，第170頁。

〔註13〕丘處機：《磻溪集》卷一，《道藏》，第25冊，文物出版社、上海書店出版社、天津古籍出版社，1988年，第815頁。

〔註14〕尹志平《清和真人北遊語錄》卷二，轉引自張廣保：《金元全真內丹心性學》，上海：上海文化出版社，2001年，第99頁。

之未發謂之中，發而皆中節謂之和」〔註15〕如出一轍。

王志謹在郝大通仙逝後追隨丘處機，受丘處機影響而對儒家思想有較多的吸收。這首先體現在他將儒家倫理學中的善惡觀念與修道相結合，把善當作證道得道的條件。他甚至還把得道與成聖聯繫起來，認為成聖也是修道者的目標。《盤山棲雲王真人語錄》記載：「師云：道無言說，惟指善惡，善則成就無上出世因緣，有天堂無地獄，惡則墮落無邊苦趣，有地獄無天堂。分此二途，蓋因迷悟，悟則剎那成聖，迷則永劫沉淪。幸得人身，寧不思之。」老子所說的聖人和孔子所說的聖人雖然做事方式不同，一個是「建制」、增的思路，一個是「無為」、減的思路，但都是著眼於社會治理，治國安民，所以《道德經》四十三章說「是以聖人處無為之事，行不言之教」。莊子所說的聖人則是內心恬淡虛靜的個人，與社會治理毫無關係，所以莊子說「至人無己、神人無功、聖人無名」，神人、至人、聖人其實並沒有本質的區別。道教在發展過程中吸收了儒家思想，所以《太平經》曰：「六人生各自有命：一為神人，二為真人，三為仙人，四為道人，五為聖人，六為賢人，此皆助天治也。神人主天，真人主地，仙人主風雨，道人主教化吉凶，聖人主治百姓，賢人輔助聖人，理萬民錄也，給助六合之不足也。」天堂、地獄與善惡掛鉤、而善惡則是有明確的標準的儒家概念。

儒家朱熹解釋「心統性情」的「統」有二義，一為兼具，二為統制。「心是神明之舍，為一身之主宰；性便是許多道理，得之於天而具於心者；發於智識念慮處，皆是情。」（《朱子語類》卷九十八）。朱熹言：「性是靜，情是動，心則兼動靜而言，或指體，或指用，隨人所看。」（《朱子語類》卷六十二）「性是未動，情已動，心包得已動未動。蓋心之未動則為性，已動則為情，所謂心統性情也。」（《朱子語類》卷五）由此可見，儒家認為性是人成聖的天然依據，情是人後天對周圍世界的情感反應，而性和情都存在於心，並且受心轄制，所以要作心性工夫，當然是要從心下手了。王志謹注重煉心的主張，與朱熹這一見解竟是如此相似。

王志謹對儒學的融攝還體現在對理學核心概念「誠」的看重上。孟子有言：「萬物皆備於我矣，反身而誠，樂莫大焉。強恕而行，求仁莫近焉。」〔註16〕《中庸》則言：「自誠明，謂之性。自明誠，謂之教。誠則明矣，明

〔註15〕朱熹集注、陳戌國標點：《四書集注》，長沙：嶽麓書社，2004 年，第 21 頁。
〔註16〕朱熹集注、陳戌國標點：《四書集注》，長沙：嶽麓書社，2004 年，第 385 頁。

則誠矣。」〔註17〕王志謹在應曹德祿之邀作黃籙大齋時曾經顯出異行，讓一口平時只能供應二三十人飲用的井供應了數千人飲用。在別人問他如何做到時，他說：「無他，彼以誠告，我以誠應，誠意交孚，天地可通，況其餘乎」〔註18〕。他認為是誠讓他能夠感動天地，從而解決了難題。

　　不過，王志謹對於儒學的融攝是有限度的，他只是將儒家倫理要求作為其弟子相處的關係準則，目的是便於更好地管理叢林。他要求弟子積累功德也只是煉心的手段而已，他甚至認為過多的功行不僅無助於煉心證道，反而可能會對證道有反作用。因為過分關注外行可能會導致修道者忽略了修心，所以他告誡弟子：「若一向物上用心，因循過日，卻與俗心無異也。」

　　至於儒家所追求的善，王志謹也認為對修道本身沒有價值。《盤山棲雲王真人語錄》記載：「師云：夫為道者，抱樸含淳，潛通默運，除情去欲，損損存存，於物無私，作事明白，曲己從人，修仁蘊德，絲毫之過必除，細微之功必積，是非俱泯，心法兩忘，向上之機自然達矣。」王志謹在此提出對於善惡是非的對待方法應是「是非俱泯」。在他眼中道是超越是非善惡這種二元對立的，積德行善只是初期修道者煉心的一種方法，而煉心本身才是得道的唯一途徑。事實上，即便如龍門派那樣，給道德賦予相當高的權重，也只是把積德看作是證道的方式，而不是道本身。王志謹則更是在積德與得道之間加入了一個中介，即修心，修心才是證道的唯一途徑。正如王志謹所說：「功不厭多，行不厭廣，但在此心堅固，乃可成就耳」功行越多越好，但關鍵是要「此心堅固」。

　　總之，王志謹繼承了全真道三教融合的祖風，但又形成了自己一系的鮮明特點：與追求功行的丘處機龍門派相比，他的思想因為更多地融攝禪宗而顯得更為出世；而與關注自身清修的馬鈺等人相比，他的思想又因為融合了儒學而顯得更為入世。正如老子所言：「吾之所以有大患者，唯吾有身也，及吾無身，有何患？」〔註19〕道家思想自始至終都存在著對於靈魂與肉體、入世與出世之間的矛盾。道教追求成仙長生，但又不主張如佛教那樣徹底放棄肉體，單一追求靈魂的長生，也是此矛盾的折射。王志謹融合禪宗之虛空寂靜和儒家之功行有為思想，以肉體暫時的有為追求靈魂最終的超脫，較為妥善地解決了這一矛盾。

〔註17〕　朱熹集注、陳戌國標點：《四書集注》，長沙：嶽麓書社，2004 年，第 37 頁。
〔註18〕　〔元〕王鶚：《棲雲真人王尊師道行碑》，《甘水仙源錄》卷四，《道藏》，第 19
　　　　　冊，文物出版社、上海書店出版社、天津古籍出版社，1988 年，第 755 頁。
〔註19〕　《道德經》第十三章，梁海明譯注，遠方出版社，2004 年，第 23 頁。

第三節　心性與道　三體合一

　　王志謹心性思想的另一個鮮明特點在於其心、性、道三體合一的看法。雖然全真道追求精神長生，無論王重陽還是全真七子都強調通過對心性的修煉而證道、合道。但我們通過對比可以看出：馬鈺強調的是忘心顯性，更多時候是把心看作形下之物，把性看作是形上的存在。為此他更加注重對心的修煉，也就是對人肉體的修煉。從修行方法而言，馬鈺更加看重對氣的使用和掌握，即注重命功修煉。而且他主張清修，使當時全真弟子的修行較為清苦。丘處機和龍門派則把性看作是五行之性，心看作是平常心，而把道看作是高高在上的天，稱為「天道」。龍門派還一反全真道以心為核心的做法，將天道作為理論的核心和出發點，如此則心的地位隨之下降，人的主體性也隨之下降。龍門派的修道證道也不再單純地強調心頭工夫，而是在對內、外日用進行改革的基礎上強調濟人利物等倫理行為，這使得龍門派更似儒而非道。

　　相比以上兩派，王志謹注重心、性、道的合一。在王志謹的心性體系中，道不再是龍門派眼中高高在上的存在，它就在萬事萬物之中，甚至就在全真弟子的倫常日用之中，而且人人都先天地稟有道，即所謂「向上一事人人俱足」。所以他告訴弟子不要向那高深莫測之處尋覓道，如果一開始就覺得道高不可攀，非要向思維的極限處去找尋道，那是對道的誤解，《盤山棲雲王真人語錄》記載：「時師在盤山普說云：大凡初機學道之人，若便向言不得處，理會無著落、沒依倚，必生疑惑」。此外，王志謹還對心、性都做了形上和形下的區分，並指出形上的心和形上的性是一回事，與道也是一回事。由此他將作為心、道之間橋樑的性取消了，也就是將心、性和道合而為一。在修煉方法上，只要顯出了形上的真心、真性就達到了與道同一的境界，為此他將道教的得道標誌──金丹等同於真性，告訴弟子只要顯出真性就是得道；同理，只要煉出了真心也就是得道。王志謹心、性、道三合一的觀點讓世人覺得道不再是遠在彼岸、遙不可及的存在，只要能夠做好心頭工夫就可以證道、得道，簡化了修道證道的方法。

　　從工夫論的角度而言，馬鈺一系強調調息、吐納等繁複的修命工夫；而丘處機一系則更加看重積累功行。王志謹以性統命的心性主張基本取消了性功修煉，又因為受到丘處機的影響而肯定功行。王志謹所說的功接近於丘處機所說的內日用，是修心顯性的心頭工夫；行則相當於丘處機所說的外日用，也接近於儒家的仁義禮智信，是道德踐履。但王志謹與丘處機、尹志平還是有重大

區別的。他不像龍門派那樣把外行看作是目的，而只是當作煉心的手段。在他
眼中外事都是虛假，通過做事所取得的功德也是假的，所以無論成功還是失敗
都能達到煉心的效果。《盤山棲雲王真人語錄》記載：「或問曰：開眼有塵境，
合眼有夢境，眾中有逆順境，如何得安穩去？答曰：修行人收心為本，逢著逆
境，歡喜過去；遇著順境，無心過去；一切塵境，干己甚事？」遇到逆境卻要
歡喜過去，這說明王志謹不看重具體事務的成敗。他的修道工夫論最終的落腳
點只有一個，就是煉心。《盤山棲雲王真人語錄》記載：「或問曰：初學人修煉
心地，如何入門？答云：把從來恩愛眷戀、圖謀計較、前思後算、坑人陷人底
心，一刀兩斷去，又把所著底酒色財氣、是非人我、攀緣愛念、私心邪心、利
心欲心，一一罷盡……便是個無上道人也。」在這裡王志謹一語中的：只要把
各種凡心俗心、私心雜念都革去了就是個無上道人，根本沒有提到功德。

　　從歷史角度分析，馬鈺、丘處機和王志謹思想風格的不同是他們各自經歷
和所處社會環境不同所造成的。馬鈺掌教時的全真道初創不久，未被統治者注
意，最迫切需要的是在社會底層擴大影響，解決教派的生存問題。所以馬鈺主
張回歸傳統道教，強調個人修仙求長生，以迎合社會大眾對道教的期待。丘處
機掌教時全真道已經得到了金廷和蒙古的官方認可，弟子規模和信眾基礎也
非昔日可比。正因為其在民間的影響力太大，所以才會受到金廷猜忌，金章宗
明昌元年禁罷全真就是最好的證明。雖然後來王處一、丘處機等通過自身努力
使全真道度過了難關，但這也提醒全真道要時刻妥善處理與世俗政權的關係。
縱觀丘處機一生所為，無論是幫助金廷招撫山東義軍還是後來西覲成吉思汗，
都是為了更好地與世俗權力合作，為全真道的發展爭取更多空間。

　　從掌教個人對教理教義的理解角度來看，對於王重陽融通三教的教理教
義，馬鈺更多的是站在道教立場去融通其他二教。這是因為馬鈺加入全真道的
目的就是為了求長生，所以其對於如何修仙證道更感興趣。入教之前的富裕出
身也使馬鈺對名利有足夠的抵抗力，對取悅統治階層也沒有太多興趣。王重陽
之所以在所有徒弟中對馬鈺格外重視大概也是因為馬鈺對其教理教義有更深
的理解和更堅決的貫徹。畢竟王重陽創立全真道是仕途無望、看破世俗後的舉
動，其對於統治者不大可能抱有太多的幻想。在修煉方式上，王重陽認為馬鈺
『宿世功行』，離得道不遠，故在修煉上對其有更多指點。對於丘處機，王重
陽則認為其『功行』尚淺，故多令他處理雜事以積累功行。所以丘處機更加看
重通過「做事」來悟道證道，這在其成為掌教後也自然成為了全真道的修煉途

徑。縱觀全真道後來的歷史，丘處機注重有為的修道方法的確使全真道在短期內迅速達到了鼎盛。但正所謂物極必反，蓬勃發展的全真道最終難逃被元朝統治者猜忌的命運，至元年間的兩次佛道辯論就是明證。

就王志謹而言，其師郝大通在全真道內地位較低：最初全真道認可的王重陽弟子主要是丘、劉、譚、馬四人。《終南山重陽祖師仙跡記》中寫到：「密國公璹贊云：『全真道東，四子傳化。四子謂誰？丘、劉、譚、馬，德其亞者，王郝與孫』」〔註20〕。郝大通還曾在王重陽逝世後被四子反對守棺，即從某種程度上被排斥出了王重陽弟子之列。即便在後來被列入全真七子之中，郝大通在全真七子中也僅位列女流孫不二之前。王志謹雖然在郝大通去世後投入丘處機門下，但並沒有在思想上完全被龍門派所同化。其對於事功的態度也避免了盤山派弟子日後步龍門派弟子後塵，因貴盛而迅速遭到打壓。

總之，與馬鈺一系通過艱苦清修才能得道；丘處機一系通過繁複的事功才能得道的思想比起來，王志謹以性統命，單純通過煉心即可得道的主張一方面降低了得道的難度，更加有利於弟子的修行。也更有利於全真道被世人所理解和接受，從而有助於全真道思想的普及和規模的壯大。其對於功行的超脫態度，既避免了其一系弟子過於看重外行而迷失煉心本旨，又使得盤山派在殘酷的社會現實中以更加務實、柔和的方式取得了緩慢卻又踏實的發展。

第四節　物我兩忘　重玄證虛

王志謹心性思想的另一個鮮明特點在於重玄證虛、強調思辨。客觀而言，王志謹的文化水平並不高，悟性也非出類拔萃。但是，王志謹很善於學習其他教派的優點、借鑒其他教派的思想，為己所用，因而提高了全真道甚至整個道教教理教義的思辨水平和圓融程度。中國傳統的儒道釋三教，長期處於相互競爭又彼此學習的態勢之中，彼此借鑒，共同發展。佛教禪宗在唐代以後開始崛起，在教理教義方面取得了長足的發展，道教則因為教理教義的粗濫而被佛教譏諷。尤其是道教將道單純地定義為清淨、無為的做法更是被佛教視為執著於有，缺乏超越。王志謹在繼承郝大通心性思想的基礎上，進一步藉重玄學將道體定為不可言說思量的絕對本體。他認為道超越有無即「不可道有，不可道無」，也超越了清淨：「不即動靜，不離動靜，豈可以無為清靜而定之哉？」。

〔註20〕郭武：《王重陽學案》，濟南：齊魯書社，2016年，第513頁。

雖然道無形無相，卻無處不在。最後王志謹將道描述為不可言說、不可思議的
存在，正所謂「言思路絕，方始到家」。五代時譚峭曾講虛實相通，唐代重玄
學大師王玄覽認為道物虛實相依成，道外無物，物外無道。相較於其前輩如馬
鈺等人單純地以清淨視道或者其同輩尹志平將道看作儒家之善的做法，王志
謹對道的理解無疑更具有超越性。

　　正是基於對道本體重玄意義上的認知，王志謹認為修道要以煉心為本，超
越了片面追求有為或者清淨的做法。《盤山棲雲王真人語錄》記載：「師云：無
為者天道也，有為者人道也。無為同天，有為同人，如人擔物，兩頭俱在則停
穩，脫卻一頭即偏也。若兩頭俱脫去，和擔子也無，卻到本來處。」雖然王志
謹要求弟子通過做事煉心，以有為進入無為，但他最終要求達到的是有為和無
為都忘記的境界，不僅要忘記有為，還要忘記無為。

　　類似的觀點，王志謹還有很多，如：「或問曰：心無染著，放曠任緣，合
道也未？答云：起心無著，便是有著，有心無染，亦著無染，才欲靜定，已墮
意根，縱任依他，亦成邪見。無染無著，等是醫藥，無病藥除，病去藥存，終
成藥病。言思路絕，方始到家，罷問程途矣」。病藥雙忘是重玄學不斷向上超
越的經典比喻，王志謹也以此提醒弟子要忘記追求真心的執念，否則就會形成
新的執著。《盤山棲雲王真人語錄》還記載：「或問曰：修行人有言知覺，又云
是病，其旨如何？答云：真知以不知之知，真覺以無覺之覺，元本真靈蒙昧萬
劫，今方省悟，乃名為覺，一切知見皆從此生。若言有知有覺，又專欲常知常
覺，乃是自纏自縛，無病自灸也。若一向不知不覺，卻一向透入別殼也。既悟
本宗，知覺皆是用處，當用即用，不可為常也。」王志謹強調煉心不可執拗於
既定的規則和方法，所有的方法都只是工具和媒介，修行者應該根據自己的情
況當用就用。他又說：「得則權柄在手，滅也由汝，不滅也由汝。」只要理解
了法無可法，就能掌握主動。

　　同樣，王志謹在功德觀上也比丘處機一系更加超脫。丘處機一系追求通過
做事達到積累功德的地步，就必然要求做事取得圓滿的效果，因為只有做事成
功才算功德一件。但王志謹只是把做事看作煉心的手段，只要認真去做就達到
了煉心的目的，至於是否成功則不必苛求。當有匠人問他不收工錢而修大殿是
否有功時，他回答：「不如清靜人默坐一時辰」。丘處機西覲成吉思汗後，奉旨
入住天長觀，當時天長觀年久失修，王志謹曾受丘處機之命成功重修天長觀。
後來他還在王重陽故去之地修建了朝元宮，他本人及其一系的弟子所修造的

宮觀甚多，僅今日可考的就有近五十處。如此大興土木，以至於楊訥先生認為「由於王志謹後期熱衷於營建宮觀，同自己早期的言論牴牾，所以《盤山棲雲大師語錄》中刪去了「或有匠人問云：某修大殿，不徵工價，如此誠心，合有何果？答云：不如清淨人默坐一時辰，蓋有為之福有壞，無為之福無壞。」這一條語錄。〔註21〕但我們有理由相信，所有的宮觀修造，都只是王志謹及其弟子「應事」的結果，他本人並沒有將此作為功德。

王志謹對於重玄之道的運用也在一定程度上實現了全真道回歸老莊本義的初衷。老莊思想在道教發展中被逐漸曲解，《甘水仙源錄》寫全真道之前的道教「世既下降，傳之者或異，一變而為秦漢之方藥，再變而為魏晉之虛玄，三變而為隋唐之禳檜，使五千言束之高閣。」〔註22〕而重玄之道作為一種思想方法主要的價值就是對魏晉玄學要麼貴無要麼崇有的二元對立思維的揚棄。王志謹對道的超越性見解也充滿了對二元對立的破除，如要求修道之人要「是非俱泯」，「返常合道」，向「善惡都不思處」努力，以及對善惡、陰陽等二元價值的超越都體現了對老莊思想的回歸。

作為封建統治王朝允許存在的宗教之一，道教擔負著佐命王化、順天輔民的歷史責任。從歷史效果來看，王志謹吸收融攝儒家積極有為思想的做法，滌蕩了北宋末年神霄派等個別道教派別留下的不良影響，在一定程度上改變了鍾呂內丹道注重個人修行而留下的散仙風格，為全真道在立教之初的迅速發展做出了不可磨滅的貢獻。王志謹的做法不僅符合金末元初民族融合、階級融合、文化融合的歷史大背景，由他積極參與的道教心性學蛻變也使道教經受住了儒釋二教的衝擊，並且在新的歷史環境中完成了自我昇華。

〔註21〕楊訥：《元刻本〈盤山棲雲大師語錄〉及其作者王志謹》，《文獻》，1992 第 1 期。

〔註22〕〔元〕李道謙：《甘水仙源錄》，《道藏》，第 19 冊，文物出版社、上海書店出版社、天津古籍出版社，1988 年，第 755～757 頁。

第六章 盤山棲雲第一祖，傳道勸善利世間——王志謹心性思想的當代價值

修身、齊家、治國、平天下是帝王之事業、聖人之夙願，它一直激勵仁人志士披荊斬棘，上下求索。作為全真道盤山派的創教宗師，王志謹在心性思想方面的探索、建構，不僅成績斐然，而且影響深遠，可謂功在當代，利在千秋。具有較高的育人價值、倫理價值和政治管理價值。

第一節　王志謹心性思想的育人價值

王志謹在傳道過程中，立足於弘道育人，知恩圖報，普度眾生，提出了豐富的教育思想，對於傳道、授業、解惑者，具有一定的借鑒意義。

育人，顧名思義首先是一種「培養人的活動」。要培養出正直的人、高尚的人、脫離低級趣味的人，教育者必須有人性關懷，堅持以人為本，尊重生命價值。雖然全真道強調苦修，但我們仍然可以發現王志謹的傳道過程貫穿著以人為本的理念。《盤山棲雲王真人語錄》記載王志謹借用丘處機「得人為貴」的典故要求弟子不要沉溺於具體的功行，而要從煉心這一根本處下手，反映王志謹在傳道中堅持以人為貴，認為得人才是傳道的目標和終極價值。

以人為本還體現在王志謹質樸的傳道語言中，雖然學界有人認為王志謹簡單樸素的語言風格與其本人不具備高深的文化水平有關。但我們更應該看到這本身也體現出王志謹充分考慮到了人數眾多、知識水平和修道根性參差

不齊的弟子。盡可能用樸素易懂的語言進行傳教降低了弟子學道、修道的難度，體現了王志謹高尚的人本情懷。

王志謹在傳道過程中始終堅持以道為尊，明確要求弟子「歸宗祖」，樹立對道的堅定信仰。他還堅持循序漸進地為弟子確定具體的修煉步驟。循序漸進原則是指教學內容的安排要遵守由淺入深、從易到難的原則，使教育對象能夠系統地掌握學習內容。人對任何事物都不可能一步就達到對其本質的認識和把握，而是有一個由簡到繁，由低級到高級，由直觀到抽象的遞進過程。通過對王志謹煉心方法的梳理，我們可以看出他為弟子清晰地指明了一條循序漸進的修煉階次，即歸宗祖、通教化、認心主、立志節、知變通、正心墨、制妄念、收塵心等。這證明王志謹不僅自身道行高深，對修道全過程非常熟悉，而且對弟子也悉心傳教、真心期盼弟子成才。

現代教育認為，育人的過程應該以學生為主，學生才是教育教學的中心。王志謹曾說：「凡住叢林，雲集方來，豈得人人一等，個個同條？喻如大山，草木畢備，有不材者，有成材者，有特立者，有依附者，也有靈苗瑞草，也有荒榛荊棘，種種不同，隨性任運，自有次第，山體巍然，原無揀擇，一一含攝；流水積石，茂林豐草，獸走禽鳴，盡是神通妙用，彼各相資，如蓬在麻，不扶自直，天長地久，各得成就。若欲截長續短，變青作黃，豈惟各不得安，抑亦失其本性也」。他清楚地知道弟子之間有很大的個體差異，所以他並不強求所有弟子都有良好的修道條件，而是希望他們盡自己的本性，根據自身條件盡可能地取得良好的修行結果。

王志謹在傳道過程中還注重發揮學生的主體性，注重運用啟發教學。啟發式教學最早由孔子提出，孔子認為「不憤不啟，不悱不發，舉一隅不以三隅反，則不復也」〔註1〕，就是要多引導學生自主思考、學習。《盤山棲雲王真人語錄》記載當弟子問什麼是定性，王志謹正身默坐良久，然後反問到：「汝問甚麼定性？」雖然提問題的弟子沒有明白，但是旁人卻大獲啟發。這表明王志謹不僅深諳重玄學「得意忘象」「得魚忘筌」的精髓和禪宗公案教學的意蘊，對於啟發式教學也運用熟練。

王志謹看重學生主動性的思想還可以從他提倡弟子拜師勤問的言論得到體現。《盤山棲雲王真人語錄》記載：「師云：學道之人不厭參問，如人行路，

〔註1〕《論語·述而》，朱熹集注、陳戍國標點：《四書集注》，長沙：嶽麓書社，2004年，第108頁。

勤問則不迷。人間小伎無師則不得，況茲大道視之不見、聽之不聞？初機不遇，憑何了悟？苦中之大，莫過生死，不親近至人，如何免得？故云：『古人學道非草草，侍奉真師直到老。』若不知下手去處，又不親近達人，雖有志行持，千差萬錯。」王志謹認為正如迷路之人應該盡早問路，以防最終產生南轅北轍的大錯，修道更要勤問勤學。如果根本就沒有明白道理，還自以為是、懶得參問則最終只能是落得功行兩空的地步。

　　與馬鈺一系注重無為清修的方式不同，王志謹主張通過實踐來檢驗弟子修心的效果。王志謹反對單獨煉心，因為煉心者在封閉的環境中失去了人的社會存在感和主體性，一旦回到了聲色繁華之地則很可能重新被社會所浸染。所以王志謹注重在社會關係中通過實踐來煉心，例如他就支持通過住持道院煉心。他說：「修行人住院，……若能於此煉磨心地，不肯處肯去，苦處當去，得心安穩不動，接待十方，自利利他，安心積行，功行兩全矣。」因為住持道院可以接觸他人，時刻檢驗煉心結果。王志謹注重理論聯繫實際的思想也可以從他對禪宗的借鑒中得到證明，禪宗不像傳統佛教那樣枯坐青燈黃卷，而是走出進行必要的勞作，通過擔水打柴等日常勞動而實現心性的開悟，這與王志謹注重應事煉心的思想不謀而合。

　　總之，王志謹在傳道過程中注重以弟子為中心，發揮弟子的主動性和能動性。讓弟子通過自身的感受和體悟去煉心見性，並且主張將煉心與弟子的日常生活勞作相結合，通過一系列實踐活動去檢驗煉心的效果。據不完全統計，王志謹先後教化徒弟170餘人，培養了姬志真、徐志根、張志格等著名弟子，其再傳弟子孫履道最終擔任了全真道掌教。由此可見王志謹高超的傳道方法確實有助於其思想的傳播和普及，達到了「得人」的效果。

第二節　王志謹心性思想的倫理價值

　　中國傳統哲學向來注重個體自身素質的修養，從而提高個體的人生境界。張世英先生說：「哲學乃提高人生境界之學」〔註2〕。馮友蘭先生也認為：「按照中國哲學的傳統，它的功用不在於增加積極的知識，而在於提高心靈的境界」〔註3〕。因為個體境界的高低不僅關乎自己和周圍形下世界的關係，還在

〔註2〕張世英：《哲學乃提高人生境界之學》，人民日報，2008年12月23日07版。
〔註3〕馮友蘭：《中國哲學簡史》，北京大學出版社，1985年，第8頁。

根本意義上決定了能否在個體角度實現天人合一的目標。而在個體素質修養的諸多因素中，倫理道德修養又尤為重要。中國傳統文化中最有價值的部分，首屈一指的應該就是倫理學。當然，各學派的倫理觀無不與自身獨特的天道觀和宇宙觀相呼應。無論儒家捨生取義、推己及人的「忠恕」之道還是墨家摩頂放踵、愛無差等的「兼愛非攻」在本質上都是對其「天道」的模仿和踐行。道教追求對道「自然而然」「清靜無為」特質的追求，在個體層面強調「致虛守靜」。

不過作為社會實體存在的道教組織在發展中為了規範道眾的日常行為，特別重視道德培育，倫理說教。同時也為了履行其幫助統治階層「神道設教」的政治任務以取得統治階層的認可建立了較為完備的倫理規範。《道德經》有言「道生之，德蓄之」，道教因此認為道是萬物存在的依據，萬物都需要遵守道的法則而存在，而這個法則就是德，所以道教主張以德修道。作為成長於亂世之中的宗教團體，全真道自建立之初就以收拾人心、淳化世風為宗旨，為此王重陽在創教之初就從儒家倫理學說中借用了大量的內容，並將之與道教徒所追求的證道成仙結合在一起，為全真道訂立了一套完整的神學倫理規範。後世馬鈺、丘處機等掌教無不遵從這套規範，並根據自己的修道主張對此進行擴充和調整。王志謹的倫理觀念同樣也為最終的修道目標即識心見性服務，但也蘊含著值得後世借鑒的價值。

王志謹首先提倡弟子濟物利人，捨己為他，在精神層面達到「善」的境界。老子在《道德經》中有「聖人不積，既以為人己愈有，既以與人己愈多」〔註4〕的主張，葛洪在《抱朴子內篇‧對俗》中也認為「若德行不修，而但務方術，皆不得長生也」〔註5〕，他還說：「積善未滿，雖服仙藥，亦無益也」〔註6〕，強調要通過善行以輔助修煉，全真道也明確提出了「功行雙全」的修道主張。由於受到丘處機的影響，王志謹將儒家的善惡觀點與功行相結合，從而為積累功行做好了倫理學論證。《盤山棲雲王真人語錄》記載：「師云：自來學道之人，必須苦己利他，暗積功行。若復縱心，非理行事，不惟有辱教門，抑亦自招殃咎。為身為口，不清不儉，與俗無異，如此受用十方汗血之物，未是便宜，樂中受了，苦裡還他，生死到頭，更無支吾。」王志謹在

〔註4〕王弼注，樓宇烈校釋：《老子道德經注》，北京：中華書局，2011 年，第 192 頁。
〔註5〕王明：《抱朴子內篇校釋》，中華書局，1985 年，第 53 頁。
〔註6〕王明：《抱朴子內篇校釋》，中華書局，1985 年，第 53～54 頁。

此指出既然學道就必須苦己利他，積累功行，否則就是愧對信眾供養的不道德行為。為了強調功行的重要性，王志謹說：「若天不利物則四時不行，地不利物則萬物不生，不能自利利他，有何功德？故長春真人云：「動則安人利物」，蓋與天地之道相合也」。明確要求弟子在修道時要積累功行，將功行作為證道成功的必要條件，沒有功行就不可能取得修道的成功。為了強調倫理規範的價值，王志謹還將道定義為正念，又將正念定義為不為自己事的種種善心，從而間接地將道定義為善心。當弟子問他天堂地獄是否真實存在時，他回答說：「天堂者陽界，主善主福，地獄者陰界，主惡主禍。古人立教，天堂地獄出自人心，心行所為，冥然相應，謂如常清常靜，利益一切，諸善奉行，明白不昧，便屬陽界；種種諸惡，坑陷不平，旁生邪道，便屬陰界，無明黑暗，逐旋增長，滓穢塵垢皆屬黑簿，人神不容，心君懊惱，眾苦交煎，無人救援，便是地獄。」可見他不僅承認了天堂地獄的存在，還將天堂地獄與倫理的善惡關聯起來，以便增強其倫理說教的力量。

　　不僅如此，王志謹還將逃脫地獄懲罰的辦法落實到其一貫主張的煉心上，他認為之所以有天堂、地獄和陰、陽的區別就取決於心是否有善念。當有弟子問他什麼是禍福？他回答：「積木成林，積石成山，積水成海，積善成福，積惡成禍，禍福之源，本自一心，積之方成。可不慎之？」心可為善也可為惡，為善是福為惡是禍；為善是陽為惡是陰；為善是天堂為惡是地獄，所以要時刻防止心為惡。

　　王志謹還強調反躬自省、不滯於境，從而促使弟子達到「和」的境界。王志謹所提倡的「和」，具體可從低到高分為三個境界。首先是人際交往之中的和諧，他教育弟子要經常自我反省，不論人非。他說「修行之人，大忌說人長短是非及人間興廢，一切世事，非干己者，口不可論，心不可思，但說是非，便昧了自己。若專煉心，常搜己過，那得工夫管他家屋底事？但凡為人，總有好處，宜相仿傚，他人惡處，自當迴避，更莫關心，漸到休歇也。」發現了別人的短處，應該引以為戒，以他人之短作為自己的警醒和鏡鑒。相反，如果對他人的過錯是非評頭論足，則不僅會擾亂了自身修煉的心境，失了自己功行，也會在客觀上破壞人際關係的和諧。王志謹所提倡的「和」更是指個體與自身的和諧共存，即以自然而然、盡心而不強求的態度，對待自己的修道過程。他反對弟子一開始就立大志為自己的修行加壓，從而產生好勝心。在修道過程中，無論順逆，他都勸告弟子要順其自然、不能為境所滯，從而實現修道過程

的圓通無礙。《道德經》提倡「和光同塵」，王志謹也鼓勵弟子要「自在安和」，都是在前兩個層面實現「和」。在達到了個體與他人，個體與自己兩個層面的和諧之後，王志謹鼓勵弟子去追求最高的和諧，即與道合一。這也是道教修煉的最終目標。

王志謹對「善」的肯定，只是一種有限的肯定。其最終的目標是為了超越二元對立的價值觀念，實現個體與道相「和」的境界。當弟子問他什麼是善惡？他回答說人不知之善為大善，人不知之惡為大惡，甚至到了善惡都不思處，別有向上事在，王志謹在此運用重玄思辨對善惡的對立進行了破除。在此基礎上王志謹再進一步，告訴弟子修道的目的不是追求世俗層面的善行，而是為了與道合一。而道是超越了一切二元對立的終極存在，所以即便到了善惡都不思的境界也還要繼續向上。

總之，王志謹的修道倫理觀是以儒家所追求的「善」為切入點，要求修道者從有為入手，借善念、善行以煉心，在個體層面實現自己與他人的和諧；然後再通過重玄雙遣的方法泯滅對善惡、功行等具體倫理準則的執念，實現自己與自己的和諧。最後，再以個人心境的了無掛礙、澄澈安穩感應道的杳渺高邈、虛空寂靜，最終實現個與道齊一、內與外無二的「天人合一」境界。當前，我國正在積極培育和踐行社會主義核心價值觀。一方面，我們應積極推廣傳統文化中的善、慈、孝等美德；另一方面，還應借鑒王志謹是非俱泯、善惡兩忘以求合道的觀點，對具體的倫理條款進行必要的辯證分析和理性看待，避免道德活動出現庸俗化和功利化。

第三節　王志謹心性思想的政治管理價值

在中國人的心目中，儒家是中國政治舞臺的主角，修齊治平，呼風喚雨，出謀劃策，無所不能，被封建統治者尊為座上客；而道家則清靜無為，超凡脫俗，遠離政治，不太關心國家大事。事實上，從老子、莊子開始，歷朝歷代的道家人物或道教領袖，一直以獨特的方式，關注政治，憂國憂民。他們大談治國安邦，探究政治之道，這正是其他思想流派無法兼得的政治價值。在《道德經》的 81 章中，至少有 61 章直接談論治國安民、富國強兵之道，包含了豐富的政治智慧和倫理主張。道家不僅重視個人的修煉，而且把治國與個人修煉、

生活方式聯繫起來，認為「治大國若烹小鮮」〔註7〕，把修身之道推而廣之，
用於齊家治國平天下，故莊子認為：「帝王之事業，聖人之餘事也」〔註8〕。

全真教從一開始就和封建皇帝、政治權力保持著千絲萬縷的關係。1219
年，成吉思汗派遣使臣劉仲祿邀請丘處機遠赴中亞，討教長生之術和治國安民
之道，讓全真道聲望大漲，名噪一時。丘處機則利用這個機會，勸誡成吉思汗
和蒙古貴族，放棄殺戮和屠城的惡習，外修陰德，內固精神，以求長生不老之
術。使淪為游牧民族「驅口」的中原民眾，擺脫了蒙古統治者的野蠻奴役，獲
得了重新做人的機會。平民百姓紛紛加入全真道，以至於河朔之人十分之二都
成為全真道徒。所以說，道教只有關注政治，立足民生，有所為，有所不為，
才能成為人民愛戴的宗教。

在擔任盤山派掌教期間，王志謹打破傳統道教脫離政治、脫離社會、高談
玄妙、清靜無為的傳統，參照丘處機的做法，積極參與政治事務，與政府通力
合作，化解百姓的燃眉之急，他的做法和思想也值得後世汲取、借鑒。

據《棲雲真人開滶水記》記載：居住在祖庵鎮重陽宮的棲雲真人王志謹，
於蒙古定宗二年丁未（1247年）春，率道徒千餘人，在滶峪口開渠20餘里，
引滶河水至重陽宮東而北折，縈繞宮西而入甘河，造福於民。從此之後，沿渠
兩岸引水灌田，「上下營磨凡數十，眾集其居，農勤其務，闢荊榛之野為桑、
麻之地，歲時豐登，無旱乾之患。」〔註9〕百姓的讚譽之聲被當時的朝廷聞知，
蒙古中統二年（1261年），元廷賜贈王志謹「惠慈利物至德真人」稱號，元至
元十六年（1279）七月十五日，為其立碑於祖庵重陽宮。滶河，古稱潦水，源
頭有兩條，東滶河發源於靜峪堖，西滶河發源於秦嶺梁，兩河交匯後北流，最
後北經咸陽流入渭河。滶河全長82公里，總流域面積663平方公里。滶河流
域治理之後，老百姓安居樂業，生活穩定，道教信徒的數量也大幅增加。王志
謹濟人利他的善舉對於當今的宗教人士也有極大的啟發意義，中華民族的偉
大復興需要各行各業人士的共同努力。道教雖然出世，但也不能脫離社會「坐
而論道」，而應該對社會發展保持關心和關注。丘處機萬里赴召、一言止殺的
壯舉固然是特定歷史條件下的產物，可遇而不可求，但道教界人士可以根據自

〔註7〕《道德經》第六十章，梁海明譯注，呼和浩特：遠方出版社，2004年，第108
　　　頁。
〔註8〕呂錫琛：《道家道教與中國古代政治》，長沙：湖南人民出版社，2002年，第3
　　　頁。
〔註9〕陳垣編纂：《道家金石略》，北京：文物出版社，1988年，第620頁。

身條件量力而行，為地方經濟發展獻計出力，在提高人民生活幸福指數方面做出積極貢獻。

金元時期，很多道觀毀於戰火，即使沒有坍塌，也是破敗不堪，導致道教缺乏正常的傳教場所，無法進行正常的法事活動。當百姓失去了宗教所能提供的心靈慰藉，便容易引發社會動盪。有鑑於此，王志謹積極爭取官方的支持，不僅創立棲雲觀、朝元宮，還獲得住持太一、上清、龍德等諸宮觀的機會，對已經破敗的宮觀進行修葺。借助官方力量推動宗教事業的發展，既促進了全真道的弘教事業，又幫助政府淳化世風，消除了社會隱患，可謂一舉多得。當前，我國已經進入中國特色社會主義新時代，綜合國力和人民生活水平與過去相比有了大幅提高。但是，長期存在的行業、地區、城鄉等差異所導致的發展不均衡問題也仍然突出，這很可能成為威脅我國經濟的持續發展和社會的長期穩定。宗教向來具有社會「穩定器」的功能，尤其是有著悠久歷史的道教，具有廣泛的群眾基礎，從而對民眾有著潛移默化的教益作用。相關部門應該進一步鼓勵道教界人士結合自身優勢，發揮自身特長，在協助政府維護社會穩定方面發揮更大的積極作用。

道教在漫長的發展歷史中曾先後面對佛教、祆教、伊斯蘭教等外來宗教的衝擊。但道教總是能夠立足自身的深厚根基，以開放包容的姿態迎接挑戰，並積極向外來宗教學習，汲取營養以促進自身發展。全真道主張三教合一，王志謹更是以道教為基礎援儒融釋，最終建立了其獨具特色的心性思想，不僅壯大了全真道，也為中國道教和中國傳統文化的發展起到了積極的推動作用。

結　語

　　心性思想是中國古代唯心主義哲學發展到文化高峰時期的產物，它發源於春秋，形成於隋唐，在兩宋時期形成高潮。從兩宋到金元，既是中國古代的文化盛世、科技高峰，也是戰亂頻繁、生靈塗炭的亂世。一方面政治開明，經濟繁榮，文化開放，三教論衡，儒道釋相互競爭，彼此借鑒，一時出現群星閃爍，人才輩出、宏大敘事的繁榮局面。心性思想作為這一時期的理論之花，體系完備，結構精緻，影響巨大，引領中國文化思想數百年。宋代在哲學方面也突破了五代以來沉悶墨守的局面，伴隨通經致用，講求義理以及疑古思潮的興起，出現了王安石的新學和以張載、周敦頤、程頤、程顥、朱熹、陸九淵為代表的理學等諸多流派。

　　王重陽創立於金代中期的全真教在中國道教史上極富特色，它改變了傳統道教追求肉體長生的傳統，在鍾呂內丹道教和重玄學的基礎上構建起了以儒釋道三教合一為宗，以性命雙修、功業並重為修煉法門的全真心性學。作為全真教第三代弟子，王志謹在全真教乃至道教史上都具有非常重要的地位，他不僅實際創立了全真教盤山派，並且使肇始於郝大通的盤山心性學得到繼承和進一步發展。王志謹盤山心性學和尹志平龍門派心性學一起創造了全真心性學的第一個歷史高峰。然而，當前學界對尹志平的研究較多，對王志謹心性學的研究相對較少。因此，本文將對王志謹的生平事蹟及其心性思想進行系統的研究。

　　王志謹，金末蒙初山東曹州人，曾先後師從郝大通和丘處機，成為全真道弟子。後往來於燕汴兩地弘法傳教，創立全真盤山派，成為一代宗師。其思想

經過姬志真等後學的繼承，對明清時期的全真華山派起到非常重要的影響。王志謹一生著述不多，其思想主要表現在《盤山棲雲王真人語錄》之中。他的思想特點在於博採眾家之長，融匯三教精華，主張慈以利物，儉以律身，謙以自牧，修身練性，從而構成了他獨具特色的心性論和工夫論。

王志謹心性論的主要思想是明心見性、以性統命。他認為人心可以分為道心與俗心、真心與塵心。道即心也，心即道也，人心與道相互感應。道因為人心之感而明，人心由於感道而靈。人心因為得道而成性，所以王志謹特別強調心性道是統一的，而且通過重玄學指出道的根本特點並不是當時有些全真弟子所規定的「清靜無為」，而是不可言說、不可思議的。基於這種理解，他認為修道之人若想煉成金丹，長生不死，需要通過煉心顯性，以性統命，見性轉命。由此可見，王志謹繼承了隋唐以來道教從佛教禪宗思想中汲取心性思想的傳統；同時，與馬鈺、尹志平等人的心性思想形成鮮明對照，因而在全真心性思想中自成一家。

王志謹工夫論圍繞著煉心這一主題而展開。所謂煉心主要是指革除七情六欲對心靈的浸染，從而恢復迷失了的真性，具體可以分為以心煉心、境上煉心和功行煉心三個方面。針對初學道者，王志謹提倡主要通過打塵勞等功行進行煉心。針對一般的修行人，王志謹提倡在叢林等社會性較強的環境中進行煉心，而反對在封閉的環境中自修自煉。從中可以看出，王志謹對於儒家入世文化的吸收和融攝。對於利根之人，王志謹更多主張應該刳情去執、革除邪妄，直接以心煉心。由此可見，王志謹以煉心為核心的修道工夫和他明心見性、以性統命的心性思想是高度一致的。與同時代其他注重命功的工夫論相比，王志謹的工夫論簡單易行，易於持守，從而更有利於全真道的傳播與壯大。

總體來看，王志謹的心性思想具有融匯儒釋道三教的特點，其中既以道家為本位，又有禪宗的妙語機鋒和儒家的積極進取。在道教心性思想的發展過程中，王志謹的心性思想不僅是對王重陽、丘處機、郝大通等人的繼承，更為元朝中後期全真道南北合宗進行了有益的嘗試，從而最終成為全真道心性思想的主流。在中國文化發展的歷史當中，王志謹融合三教的這一特點也適應了隋唐以來三教融合的發展大勢，從而也豐富了中國文化的內涵。

本文以《盤山棲雲王真人語錄》及《重陽全真集》《磻溪集》《太古集》《長春道教源流》《道家金石略》等與王志謹有關的古籍、著述為著眼點，結合王志謹所處的時代特點和全真道在三教融合大歷史背景下的發展狀況，重點分

析了王志謹的心性思想和修道理論，為傳統道教思想的發掘和梳理做了有益的嘗試。文章還聯繫當前社會發展現狀發掘出王志謹心性思想在教育學、政治學和倫理學方面所蘊含的借鑒價值。

「沉舟側畔千帆過，病樹前頭萬木春。」由於時代、身份和社會發展水平的歷史限制，王志謹的心性思想還包含有很多不科學、不合理的主觀偏見，甚至是封建迷信的成分，例如他相信地獄、天堂的存在，用宗教戒律恐嚇百姓，綁架民意；他宣揚生死輪迴、天道承負的歷史宿命，讓教徒逆來順受，順從他的意志；他在身心關係中過分強調心理作用，人為誇大心性思想的功效，顛倒了物質與意識的主次關係等等，這些都與現代的科學精神背道而馳。但是，瑕不掩瑜，我們更應該看到的是，王志謹在全真道三教融合、性命雙修思想基礎上建立起的一整套深邃、圓融甚至帶有些許飄逸的心性思想。這套思想提高了道教教理教義的思辨水平和哲學境界，對中國哲學和傳統文化的發展起到了積極的推動作用。

參考文獻

一、古籍

1. 《道藏》，文物出版社、上海書店出版社、天津古籍出版社影印本，1988 年。

2. 《藏外道書》，巴蜀書社，1992、1994 年。

3. 魏伯陽：《周易參同契》，章偉文譯，中華書局，2014 年。

4. 王弼注，樓宇烈校釋：《老子道德經注》，中華書局，2010 年。

5. 郭象注，成玄英疏：《莊子注疏》，中華書局，2011 年。

6. 葛洪：《抱朴子內篇》，王明撰《抱朴子內篇校釋》本，中華書局，1985 年。

7. 慧能：《壇經》，洪修平、白光評注，鳳凰出版社，2012 年。

8. 《宋史》，中華書局，1977 年。

9. 《金史》，中華書局，1975 年。

10. 《元史》，中華書局，1976 年。

11. 劉一明：《道書十二種》，書目文獻出版社，1996 年。

12. 陳銘矽：《長春道教源流》，中華民國荔莊刻本。

二、著作

1. 趙衛東：《金元全真道教史論》，齊魯書社 2010 年版。

2. 趙衛東主編：《全真道研究》第 1～4 輯，齊魯書社，2012 年 2 月。

3. 趙衛東、王光福：《王志謹學案》，齊魯書社，2015 年。

4. 章偉文：《宋元道教易學初探》，四川出版集團巴蜀書社，2005 年。

5. 章偉文：《郝大通學案》，齊魯書社，2010 年。

6. 郭武：《丘處機學案》，齊魯書社，2011 年。

7. 郭武：《王重陽學案》，齊魯書社，2016 年。

8. 張廣保：《金元全真道內丹心性學》，生活・讀書・新知三聯書店，1995 年。

9. 張廣保：《唐宋內丹道教》，上海文化出版社，2001 年。

10. 張廣保：《金元全真教史新研究》，青松出版社，2008 年。

11. 陳來：《有無之境——王陽明哲學的精神》，北京大學出版社，2020 年。

12. 陳垣：《南宋初河北新道教考》，中華書局，1984 年。

13. 陳垣編纂，陳智超、曾慶瑛校補：《道家金石略》，文物出版社，1988 年。

14. 陳鼓應主編：《道家文化研究》，生活・讀書・新知三聯書店，2008 年。

15. 陳鼓應：《易傳與道家思想》，商務印書館，2015 年。

16. 陳耀庭：《全真教派的發展和演變》，青松出版社，2004 年。

17. 胡孚琛主編：《中華道教大辭典》，中國社會科學出版社，1995 年版。

18. 胡孚琛、呂錫琛：《道學通論——道家、道教、仙學》，社會科學文獻出版社，1999 年。

19. 李延倉：《早期全真道教思想探源》，齊魯書社，2014 年。

20. 李養正：《當代中國道教》，中國社會科學出版社，1993 年。

21. 盧國龍：《全真宗旨論》，青松出版社，2004 年。

22. 盧國龍：《道教哲學》，華夏出版社，1997 年。

23. 盧國龍：《中國重玄學》，人民中國出版社，1993 年。

24. 盧國龍：《道教哲學》，華夏出版社，1997 年。

25. 盧國龍：《全真弘道集》，青松出版社，2004 年。

26. 盧國龍：《宋儒微言》，華夏出版社，2001 年。

27. 牟鍾鑒、胡孚琛、王葆玹：《道教通論：兼論道家學說》，齊魯書社，1991 年。

28. 牟鍾鑒等：《全真七子與齊魯文化》，齊魯書社，2005 年。

29. 潘雨廷：《道藏書目提要》，上海古籍出版社，2003 年。

30. 任繼愈主編：《中國道教史》，上海人民出版社，1990 年。

31. 卿希泰主編：《中國道教史》，四川人民出版社，1996 年。

32. 王宗昱：《金元全真教石刻新編》，北京大學出版社，2005 年。

33. 謝路軍：《中國道教源流》，九州出版社，2004 年。

34. 詹石窗：《易學與道教思想關係研究》，廈門大學出版社，2001 年。

35. 陳來：《有無之境——王陽明哲學的精神》，人民出版社，1991 年。

36. 陳來：《古代思想文化的世界》，三聯書店，2002 年。

三、學術期刊論文：

1. 趙衛東：《全真性命論及其哲學意蘊》，《山東師範大學學報（人文社科版）》，2003 年第 3 期。

2. 趙衛東：《尹志平〈道德經〉詮釋理論探析》，《宗教學研究》，2016 年第 3 期。

3. 張廣保：《全真教研究評述》，《中國史研究動態》，2009 年第 4 期。

4. 張廣保：《原始道家的道論與心性論》，《中國哲學史》，2000 年第 1 期。

5. 張廣保：《中國傳統文化的獨特結構　儒釋道互補互融》，《中國宗教》，2015 年第 1 期。

6. 羅安憲：《敬、靜、淨：儒道佛心性論比較之一》，《探索與爭鳴》，2010 年第 6 期。

7. 盧國龍：《從兩種「逍遙義」看兩晉玄學的轉折》，《孔子研究》，1994 年第 3 期。

8. 盧國龍：《權力與信仰簡單結合的悲劇——漫談宋徽宗「崇道」》，《世界宗教文化》，1995 年第 1 期。

9. 戈國龍：《論內丹學「性命雙修」的思想》，《宗教學研究》，2001 年第 1 期。

10. 戈國龍：《道教內丹學中的「性先命後」問題辨析》，《中國哲學史》，2001 年第 4 期。

11. 戈國龍：《身形問題與內丹學的解脫觀念》，《宗教學研究》，2002 年第 4 期。

12. 郭武：《全真教概談》，《宗教學研究》，1989 年第 Z1 期。

13. 郭武：《論《太平經》的神學思想》，《中國道教》，1991 年第 2 期。

14. 郭武：《道教長生成仙說的幾個發展階段》，《宗教學研究》，1992 年第 2 期。

15. 郭武：《丘處機道教思想述評》，《宗教學研究》，1994 年第 Z1 期。

16. 郭武：《論道教的長生成仙信仰》，《世界宗教研究》，1994 年第 1 期。

17. 郭武：《道教與民間宗教關係綜述》，《江西社會科學》，2001 年第 12 期。

18. 郭武：《「出世」與「入世」：道教的社會角色略論》，《宗教學研究》，2002 年第 4 期。

19. 郭武：《全真七子「入門」次序略考》，《全真道與齊魯文化國際學術研討會論文集》，2005 年第 9 期。

20. 郭武：《金章宗元妃與早期全真道》，《宗教學研究》，2009 年第 4 期。

21. 郭武：《〈重玄之思──成玄英的重玄方法和認識論研究〉評介》，《社會科學研究》，2011 年第 6 期。

22. 呂錫琛：《全真道的心性道德修養論探析》，《宗教學研究》，2001 年第 2 期。

23. 呂錫琛：《全真道心性思想的心理治療智慧》，《崑嵛山與全真道──全真道與齊魯文化國際學術研討會論文集》，2005 年 8 期。

24. 呂錫琛、易佳：《論道教心性修煉的道德培育意義》，《求索》，2007 年 3 期。

25. 楊訥：《元刻本〈盤山棲雲大師語錄〉及其作者王志謹》，《文獻》，1992 第 1 期。

26. 白如祥：《王重陽心性思想論綱》，《理論學刊》，2007 年第 7 期。

27. 陳兵：《略論全真道的三教合一說》，《世界宗教研究》，1984 年第 1 期。

28. 陳明、呂錫琛：《全真道研究綜述》，《世界宗教研究》，2010 年第 5 期。

29. 陳俊民：《略論全真道的思想源流》，《世界宗教研究》，1983 年第 3 期。

30. 陳克明：《金元全真教的社會關懷》，《魯東大學學報（哲學社科版）》，2008 年第 6 期。

31. 高良荃：《試論金元時期全真教興盛的原因》，《山東大學學報（哲學社科版）》，2001 年第 2 期。

32. 高良荃：《金元時期全真教的基本思想及理論建樹》，《臨沂師範學院學報》，2003 年第 1 期。

33. 孔令宏：《盤山派的心性哲學》，《上海道教》，2001 年第 1 期。

34. 孔令宏：《王重陽與全真北宗的思想略論》，《杭州師範學院學報》，2003 年第 3 期。

35. 李洪權：《論金元全真教經濟生活方式的衍變》，《史學集刊》，2007 年第 6 期。

36. 李延倉：《全真道與重玄學》，《中華文化論壇》，2006 年第 2 期。

37. 李延倉：《郝大通的易學天道論》，《周易研究》，2010 年第 3 期。

38. 李洪權：《論金元全真教經濟生活方式的衍變》，《史學集刊》，2007 年第 6 期。

39. 盧國龍：《陳摶的〈易〉〈老〉之學及〈無極圖〉思想探源》，《江西社會科學》，1989 年第 5 期。

40. 盧國龍：《將示重玄義　開發眾妙門──〈本際經〉研讀》，《中國道教》，1993 年第 4 期。

41. 龐樸：《中庸平議》，《中國社會科學》，1980 年第 1 期。

42. 孫亦平：《論早期全真道心性論的理論指歸──從人的本真的生命存在中去追求生命的超越》，《南京大學學報（社會科學版）》，1997 年第 4 期。

43. 孫悟湖：《元代宗教文化的特點》，《中央民族大學學報》，2001 年第 6 期。

44. 楊立華：《性命先後──關於金丹南宗與金元全真道的比較研究》，《中國哲學史》，1999 年第 3 期。

45. 秦國帥：《王志謹〈盤山語錄〉修道思想略論》，《弘道》，2010 年第 4 期。

46. 任法融：《論全真教的修持方法──降心》，《中國道教》，2004 年第 1 期。

47. 王宗昱：《早期全真道史料》，《中國道教》，2002 年第 5 期。

48. 王宗昱：《全真教的儒教成分》，《文史知識》，2006 年第 12 期。

49. 王宗昱：《目前全真道研究的幾個問題》，《全真道研究》，2013 年。

50. 謝路軍：《試析佛教的中國化》，《北方工業大學學報》，1999 年第 2 期。

51. 謝路軍：《試論禪宗的「不立文字」及其美學特色》，《北方工業大學學報》，2000 年第 2 期。

52. 尹志華：《〈歷代神仙通紀〉初探》，《世界宗教研究》，2016 年第 2 期。

53. 尹志華：《「道行天下」：讓道教文化走向世界》，《中國宗教》，2014 年第 10 期。

54. 尹志華：《丘處機與全真道在燕京的發展》，《中國道教》，2005 年第 6 期。

55. 遊斌：《中國民間信仰與儒道的互補通和》，《中國宗教》，2016 年第 11 期。

56. 張應超：《郝大通──全真華山派開派祖師》，《中國道教》，1993 年第 4 期。

57. 章偉文：《太古真人郝大通及其內丹心性學》，《世界宗教研究》，2014 年第 6 期。

58. 章偉文：《中國傳統文化關於個體之人安身立命的價值思考》，《船山學刊》，2015 年第 5 期。

59. 章偉文：《先天圖、先天學與道教丹道之關係考察》，《周易研究》，2014 年第 2 期。

60. 章偉文：《北宋儒學復興與易學歷史哲學的關係》，《周易研究》，2008 年第 2 期。

61. 郭淑新：《神秘主義：一種哲學的境界和方法——論馮友蘭對神秘主義的詮解》，《安徽大學學報社科版》，2005 年 3 月。

62. 黃誠：《儒家心性論思想的形成與發展》，《安順學院學報》，2007 年 3 月。

63. 趙衛東：《馬鈺內丹修煉的宗旨、特徵與方法》，《宗教學研究》，2023 年第 5 期。

64. 趙衛東：《丘處機心性論探析》，《中國哲學史》2022 年第 6 期。

65. 康立坤，張廣保：《性與命——全真教中國化的根基》，《世界宗教文化》，2023 年第 3 期。

66. 張廣保：《全真教史家姬志真及元仁宗延祐六年雲山集的史料價值》，《世界宗教研究》，2018 年第 4 期。

67. 張廣保：《元代全真教關於道教起源、分期的討論及申論》，《宗教學研究》，2018 年第 2 期。

68. 李延倉，李紅軍：《論全真道心性為本的宗教觀》，《商丘師範學院學報》，2018 年 11 月。

69. 寧俊偉，程晶：《金元時期新道教對儒釋兩教思想的吸收》，《文化學刊》，2020 年 3 月。

70. 宋學立：《金元全真教政治認同的歷史考察》《四川大學學報》（哲學社會科學版），2023 年第 2 期。

71. 郭蘊蕎：《論丘處機的道教哲學思想》，《華北水利水電大學學報》（社會科學版），2018 年 10 月。

72. 許東：《丘處機西行成功原因探析》，《青海師範大學學報》（哲學社會科學版），2019 年 7 月。

73. 高麗楊：《全真修行制度「打塵勞」的內涵及演化過程》，《中國道教》，

2017 年 6 月。

74. 劉迎:《全真文化的內涵及其當代價值》,《唐都學刊》,2018 年 7 月。

四、學位論文:

1. 羅安憲:《道家心性論》,中國人民大學,2002 年。

2. 王光福:《王志謹心性論研究》,山東師範大學碩士學位論文,2010 年。

3. 王廷琦:《金元全真心學研究》,中央民族大學博士學位論文,2005 年。

4. 錢曉靜:《盤山語錄的道德修養思想研究》,中南大學碩士學位論文,2008 年。

5. 張繼禹:《道教思想四論——關於道教教義思想的歷史考察與現代闡釋》,中央民族大學碩士學位論文,2007 年。

6. 李洪權:《全真教與金元北方社會》,吉林大學博士學位論文,2008 年。

五、報紙學術文章:

1. 尹志華:《道教如何更好地與社會主義社會相適應》,《中國民族報》,2017 年 6 月 6 日。

2. 張廣保:《以儒釋道為主體的中國傳統文化》,《中國社會科學報》,2014 年 6 月 11 日。

3. 張廣保:《儒道釋之爭折射中國文化的生命力》,《中國社會科學報》,2014 年 11 月 5 日。

4. 張世英:《哲學乃提高人生境界之學》,《人民日報》,2008 年 12 月 23 日 07 版。

5. 游斌:《跨文本詮釋與和諧宗教建設》,《中國民族報》,2011 年 8 月 2 日。

6. 游斌:《應重視宗教在軟實力建設中的作用》,《中國民族報》,2013 年 3 月 12 日。

7. 盧國龍:《怎樣讀〈抱朴子〉》,《中華讀書報》,2017 年 4 月 12 日。

附錄 《盤山棲雲語錄》

「喜樂山村，風月知音，信任歲華交換。終日掩柴門，處幽軒，閒看古書情倦。住坐從容，獨行獨步，都把聲名斷。抱守元陽，情忘境滅，氣神和沖，升沉無礙，玉爐煉至寶，欲結清涼，重生溫暖。寂寂空空，沒空色養，真源返樸，默默熟慣。靜靜與清清，覺心猿意馬，沒絲毫亂。放曠無構，悉情散誕。自在逍遙，行滿與功成，得無生，盡他烏兔走，飛騰休管。世情遠。修真之士休宜晚。」

夫瞽者無以與乎青黃之色，聾者無以與乎管籥之音，豈惟形骸有如此哉？而心智亦有之。若夫本分天真，人皆具足，奈以積塵所昧，正眼不明，逐色隨聲，尋蹤覓跡，沉淪惡道，浩劫千生，摸竹管為陽光，擊銅盤為日影，不逢宗匠，皂白奚分？殢句執文，轉增迷惑，是以棲雲老師不得已應病施藥，剔耳挑聾，摩睛刮翳，冀得人人徹視，各各開聰，見見聞聞，灑灑落落，咸歸正道，不逐亡羊也。門下劉公先生從師有年，密記老師之聲欬，裒以成集，約百餘則，誠為初機學道者之指南也。命工鋟梓，以廣其傳。孤峰道人亦得與其徒末。行者見而喜之，乃齋沐而敬，為之題辭。時丁未正月元日門人論志煥謹序。

1. 時師在盤山普說云：大凡初機學道之人，若便向言不得處，理會無著落、沒依倚，必生疑惑，為心上沒工夫便信不及，信不及則必不能行，行不得則胡學亂學，久而退怠。

今且說與汝等眼前見得底、耳裏聽得底、信得及處行去，從粗入妙，亦不誤汝，雖是聲色，便是道之用也。如何是信得及處？汝豈不見許大虛空及天地日月山水風雲，此不是眼前分明見得底？便是修行底榜樣，便是入道底門戶

也。且如雲之出山，無心往來，飄飄自在，境上物上掛他不住，道人之心亦當如此。又如風之鼓動，吹噓萬物，忽往忽來，略無凝滯，不留影跡，草木叢林礙他不住，劃然過去，道人之心亦當如此。又如大山，巍巍峨峨，穩穩當當，不搖不動，一切物來觸他不得，道人之心亦當如此。又如水之為物，性柔就下，利益群品，不與物競，隨方就圓，本性澄淡，至於積成江海，容納百川，不分彼此，魚鱉蝦蟹盡數包容，道人之心亦當如此。又如日月，容光必照，公而無私，明白四達，晝夜不昧，晃朗無邊，道人之心亦當如此。又如天之在上，其體常清，清而能容，無所不覆，於彼萬有，利而不害，道人之心亦當如此。又如地之在下，其體常靜，寂然不動，負荷萬物，無黨無偏，道人之心亦當如此。又如虛空廣大，無有邊際，無所不容，無所不包，有識無情，天蓋地載，包而不辨，非動非靜，不有不無，不即萬事，不離萬事，有天之清，有地之靜，有日月之明，有萬物之變化，虛空一如也，道人之心亦當如此。道同天地，其用若此，體在其中，工夫到日，自然會得，動用合道，自有主者。若便覓言思路絕處，則失之矣。既入玄門，各宜勉之。

2. 或問曰：初學人修煉心地，如何入門？答云：把從來恩愛眷戀、圖謀計較、前思後算、坑人陷人底心，一刀兩斷去，又把所著底酒色財氣、是非人我、攀緣愛念、私心邪心、利心欲心，一一罷盡，外無所累則身輕快，內無染著則心輕快，久久純熟，自無妄念，更時時刻刻護持照顧，慎言語，節飲食，省睡眠，表裏相助，塵垢淨盡，一物不留，他時自然顯露自己本命元神，受用自在，便是個無上道人也。

3. 或問曰：修行之人如何得清靜？答云：心不逐物謂之安心，心不受物謂之虛心，心安而虛便是清靜，清靜便是道也。

4. 或問曰：修行人多說除情去欲，此以上更有甚麼？答云：除了情，到無情，除了欲，到無欲；無情無欲底，則汝道這個是甚麼？

5. 或問曰：修行人頭頭要不昧，如何得不昧？答云：初心未煉，出入不知，不會收縱，遇境遇物，一向著將去，顢頇模糊，只待困了方休。不明自己，便是昧了也，便與託生底一般，不知不覺透在別個殼子內，只待報盡方回，此為昧了故也。若專用知用覺，又被知覺昧了也。修行人若於二六時中點檢自己，不被一切塵情玷污，境上物上輕快過去，便是不昧也。

6. 或問曰：性命之事如何護持？答云：若在萬塵境界內來去滾纏，雖相應和，要自作得主，不一向逐他去，事不礙心，心不礙事，如護眼睛，但有纖

塵，合眼不受，如此保護，久久見功。但心有受，即被他物引將去也，便作主不得。

7. 或問曰：某念念相續，掃除不盡，如何即是？答云：朝日掃心地，掃著越不靜，欲要心地靜，撇下苕箒柄。其人拜謝。

有人問心底的年頭一個接著一個，想要掃除又掃不盡該怎麼辦？王志謹用重玄學的方法進行回答：「每天掃心地，越掃越難以安靜，如果想要心地安靜，就要停止清掃。」

8. 或問曰：自來修行之人必先立志，如何立志？答云：每在動處靜處，一切境界裏，行住坐臥，念念在道，逢魔不變，遇害不遷，安穩處亦如此，巉嶮處亦如此，拼此一身，更無回顧，精進直前，生死不懼，便是個有志底人，故經云：「強行者有志。」

9. 師到南宮，於長真觀夜坐，對眾普說云：初心出家，未能獨立，須仗叢林，或結道伴，遞相扶持，不至偏頗。然有三等，有雲朋霞友，有良朋知友，有狂朋怪友。凡有志節，煉心地，究罪福，絕塵情，逍遙方外，同志相求，遂為篤友，此等謂之雲朋霞友也，以其心與雲霞相似，塵事礙他不住故也；又有習學經教，琴書吟詠，高談闊論，褒貶是非，此等謂之良朋知友，以其雖不煉心，亦不作惡故也；又有一等，不治心地，不看經典，不顧罪福，出語乖訛，作事狂蕩，觸著一毛，便起爭鬥，誇強逞俊，恃力持勝，欺壓良善，相率成黨，此等謂之狂朋怪友。此三等人身謝之後，各有安置去處，隨其功業，各得受報：其雲朋霞友，升入無形，遊宴玉京，或為神仙，或為天官；其良朋知友，塵心未盡，不出人倫，往復受報；其狂朋怪友，受了十方供養，全無功德，填還口債，或墮酆都，或墮旁生，輪迴苦趣，若到如斯，悔之何及？聰明達人，細細思之，各尋長便。

10. 或問曰：學人如何是覺性？答云：指東畫西，這般虛頭且休，不如下些實工夫去，謂如心上有底、眼前見底、情慾煩惱、人我無明等，喻似面前有一眼大琉璃滑井，若絲毫不照顧，便墮在裏面，萬劫不得出；若先見又識破，方欲下腳，急須退步，則這個急退步照顧底，便是汝覺性也。若分明墮在人我阱裏，猶自指空畫空，說向上事如何，干甚覺性事？

11. 或問曰：如何是定性？師乃移位近前，正身默坐，良久云：汝問甚麼定性？其人不省，旁有先生起而稽首謝之。師云：張公吃酒李公醉。其人大笑不已。

12. 或問曰：學人本為生死事大，求之不明，以至狂蕩，其意如何？答云：一念無生即無死也。不能如此者，蓋為心上有情，性上有塵，情塵般弄，生死不停。欲求解脫，隨遇即遣，遣之又遣，以至絲毫不存，本源清淨，不逐聲，不逐色，隨處自在，虛靜瀟灑，天長地久，自明真宰。蓋心正則事事正，心邪則事事邪，內既有主，則人愛底不愛，人嫌底不嫌，從來舊習般般勒轉，六識既空，真宰常靜，更有何生死可懼？若到如此田地，卻又一向沒收沒拾，藏伏不住，似著邪著崇底一般，向外馳騁，狂狂蕩蕩，便是神氣散亂，作主不得，便認作真歡真樂，學古人行歌立舞，殊不知古人當時亦是解黏釋縛，別有得處，以此自樂，豈肯縱心顛蹶以誑惑世人哉？卻不知無歡之歡乃真歡也，無樂之樂乃真樂也，無知之知乃真知也；今為識神所搬，邪氣入心，以至狂蕩，無藥可療也。

13. 或問曰：開眼有塵境，合眼有夢境，眾中有逆順境，如何得安穩去？答曰：修行人收心為本，逢著逆境，歡喜過去；遇著順境，無心過去；一切塵境，干己甚事？凡在眾中，雖三歲小童，不敢逆著，不敢觸犯著，常時饒著；一切人逆著自己，觸犯自己，常是忍著；忍過饒過，自有功課。一切人皆敬者，一切難處自承當者，久久應過，心境純熟，在處安穩，一切境界裏平常過去，更無動心處，向諸境萬緣裏，心得安穩，更不沾一塵，淨灑灑地，晝夜不昧，便合聖賢心也。

14. 或問曰：識得一，萬事畢，又有云：抱元守一，一者是甚麼？師云：乃是混成之性，無分別之時也。既知有此，即墮於數，則不能一矣。一便生二，二便生三，三生萬物，如何守得？不若和一也無。故祖師云：「抱元守一是工夫，地久天長一也無。」向這個一也無處明出自己本分來，卻不無也。故經云：「知空不空，知色不色，名為照了。

15. 或問曰：出家人有學古人公案者，有學經書者，有云古教中照心，是否？師云：修行人本煉自心，從凡入聖，出家以來，卻不肯以此為事，只向他古人言句裏搜尋，紙上文字裏作活計，尋行數墨，葛藤自纏，費盡工夫，濟甚麼事？及至閻老來喚，一句也使不得，一字也使不得，卻不如百事不知、憹懂過日底卻有些似。把如今著恁尋趁底工夫，向自己本分事上尋趁，則不到得虛度時光。如何是自己本分事？只這主張形骸底一點靈明，從道里稟受得來，自古及今，清淨常然，更嫌少甚？自澄理得明白，便是超凡入聖底憑據。若信得及，便截日下功理會去，自家亦有如此公案，便數他人珍寶作甚麼？快便自受

用去，管取今以後不被人瞞也。

16. 師因有作務，普說云：昔東堂下有張仙者，善能木工，不曾逆人，謙卑柔順，未嘗見怒形於色。眾皆許可而常讚歎，遂聞於真人。真人曰：未也，試過則可，喻如黃金未曾煉過，不見真偽。一日令造坐榻，其人應聲而作，工未畢，又令作門窗，亦姑隨之，已有慢意，工未及半，又令作匣子數個，其人便不肯，遂於真人前辯證，欲了卻一事更作一事。真人乃云：前因眾人許汝能應人不逆，未曾動心，今日卻試脫也。修行之人，至如煉心應事，內先有主，自在安和，外應於事，百發百中，何者為先，何者為後，從緊處應，粉骨碎身，惟心莫動。至如先作這一件又如何？先作那一件又如何？俱是假物，有甚定體？心要死，機要活，只據目前緊處應將去，平平穩穩，不動不昧，此所謂「常應常靜」也。

17. 或問曰：有人云：業通三世果，有否？答云：豈不聞古人有言：「了即業障本來空，未了應須還宿債。」昔有人背生惡瘡，痛不可忍，膿血交流，尋無人處自縊而死。似此之人，自己性分又不了，又不肯承當宿世膿血債負，雖自致死，再出頭來亦要償他。何以知此為宿業耶？昔有一顯官，不欲言其姓名，但道因果足矣，其性酷虐，但心不喜，即捶撻隨從奴僕。一日坐尻上忽生癢痛，搔之則去皮，漸次血肉分裂，如新拷掠者，痛不可加，以致命終，以是知膿血債負必然還報。豈止此事，乃至大小喜怒譭謗打罵是非、見面相嫌，皆是前因所結舊冤現世要還，須當歡喜承受，不敢辯證，承當忍耐，便是還訖；但有爭競，便是抵債不還，積累更深，冤冤重結，永無了期。況復天意好還，乃至人間恩怨相傷，無非冤債。昔長春真人住長春觀日，忽值大兵北還，遠藏匿以避，逢一貴宦，與真人素相識者，家世奉道，自言夫人被虜，欲罄家資贖令出家，拜問真人，真人倪然不可。其事議間，兵去已遠。他日貴宦且詢不可之意，真人曰：夫人與昨虜之人有三年宿債，今既相對，乃前緣也，三年後卻還來此出家。後果三年放還，得簪裳出家，來詣長春觀參見真人，以從來奉善，卻得入道。貴宦方信，拜謝不已。

18. 師因一道人有病，普說云：修行之人，飲食有節，動靜有常，心神安泰，別無妄作，偶然得病，便是天命，豈敢不受？亦是自己運數之行，或因宿緣有此病魔。先要識破這個四大一一是假，病則教他病，死則教他死，心意寧耐，從他變化，心不在病，重病即輕，輕病自愈，自性安和，濁惡氣散，亦是還了病債，亦是沖過一重關節。若不解此，心必不安，但有病患，心即狂亂，

聲喚不止，叫疼叫痛，怨天恨地，又怨人不扶持，恨人不求醫，嗔人不合藥，責人不問候，一向專起無明黑暗業心，見底無有是處，不知自己生死已有定數，假饒惝惶，還免得麼？分外心亂，不自安穩。又不知心是身之主人，主人不寧，遍身皆亂，豈不聞古人云：「心慌意亂，地獄之門」，分外招愆。如此處心，輕病即重，重病即死，為濁亂其性故也。若事事不節，過分成病，是病因自作，自作自受，更怨他誰？心地下功者，必不如此。各請思之。

19. 師因有病者至極不能去得，乃普說云：修行之人，先須識破萬緣虛幻，次要識破此個形骸一堆塵土，平日事上灑脫，臨行必得自在。昔山東有一庵主，臨終遷化，淹延不得脫離，使人問長春真人。真人云：往日但著於外緣物境上，未曾修煉，以此纏綿，不得解脫。乃寄與語云：身非我有，性本虛空，一念不生，全身放下。庵主聞此語，心若有省，乃囑眾兄弟云：我為外緣所昧，以此心地無功，臨行不決，今勸汝等，各各下功修煉身心，救此生死大事去。言訖遂終。又有一道人，臨死不決，詢問眾人曰：我如何去得？或曰：想師真者。其人想數日，又去不得。或曰：想虛空者。其人又去不得。有一老仙聞而視之，其人舉以前想裏事，今亦去不得。老仙呵曰：來時有個甚？去後想個甚？安以待命，時至則行矣。病人聞語，稽首謝之而卒。大抵修行之人，一切外緣，目前權用，自己本真，要實下功，物裏事裏過得灑脫，臨行怎得不灑脫？

20. 師有云：修行之人須要立志節，及至有志節，卻多執固，執固則事物上不通變，及至事物上通變得，卻便因循過日也，以此學者如牛毛，達者如麟角。有志立者卻知不得底，有知者卻行不得底，雖行者卻久不得底。大抵學道之人，先要歸宗祖，次要有志節，須要識通變，專一勤行，久久不已，無不成就也。

21. 或問曰：如何是真常之道？答云：真常且置一邊，汝向二六時中理會自己心地，看念慮未生時是個甚麼？念慮既生時，看是邪是正？邪念則便泯滅著，正念則當用著。如何是邪念？凡無事時，一切預先思慮，皆是邪妄。如何是正念？目前有事，合接物利生，敬上安眾，種種善心，不為己事，皆是正念也。其靜則體安，其動則用正，不縱不拘，無晝無夜，絲毫不昧，常應常靜，平平穩穩，便是真常之道也。

22. 師有云：修行之人為此頑心，自從無始以來輪迴，販骨如山之積，萬生萬死，以至今日方省前非，欲求解脫，是以晝不敢食，夜不敢眠，煉此頑心，要般般與俗顛倒，方可中用。若不煉心，見人不睡，也如此做造，心念如毛，

及至觸著便發煙火，至如百年不睡，濟甚麼事？頑心不盡，依舊輪迴。欲要換過此心，不論晝夜，時時刻刻，動裏靜裏，把這一片頑心裂教粉碎去，方可受用；元本真靈與天地相似，然後靜也是道，動也是道，開口也是道，合口也是道，更別求甚麼？便是個灑脫底道人也。

23. 師常有云：修行之人把自己從來心上染習得偏重底念慮，著工夫用氣力鍛鍊了，難捨著捨去了，乃至此身限到也要捨，況在心上底，但是虛妄，一一除盡，便無煩惱障礙也。若身外底一切事一切物不足留心，眼前來往與蚊虻相似，拂去則快，便自心上難遣底遣去者，那裏便是輪迴種子耶？昔長春真人在磻溪時，常有虎豹晝夜往來，晨夕出入，或生怖懼，清旦欲做藩籬，復自思惟：如此境界，有此怖心，便欲遮護，畢竟生死迴避得麼？卻便休去，兀兀騰騰，任生任死，怖心自無，以至生死境中巍然不動，種種結縛一時解脫，此是難行處行也。

24. 師有云：修行人窮究生死大事，須索自己下工夫，不分晝夜，一心澄澈，六根清淨；遇聲色境界，見如不見，聞如不聞，內心不受，他家擾擾，非干己事，如目前風過一般，若關己事，不得已而應之。如此修持，久久自見功也。

25. 師有云：修行之人，但見人用事好處，自己仿傚去，不可見他人過，卻失了自己也。不得遞相是非。但存是非，自心不正，久進不得，正能掩邪，邪常謗正。凡存我相，常謗人者，不明自己，乃是外道邪宗也。若有正知正見，必於自己心上體究偏邪，搜求過失，若管他非，非正人也。

26. 或問曰：如何是功行？答云：合口為功，開口為行。如何合口為功？默而得之，無思無慮，緘口忘言，不求人知，韜光晦跡，此是合口為功也。如何開口為行？施諸方便，教人行持，利益群生，指引正道，是開口為行也。

27. 或問曰：視聽食息手拈足行心思，此是性否？答云：道性不即此是，不離此是。動靜語默，是性之用，非性之體也。性之體，則非動非靜，非語非默。古人有言：「大道要知宗祖，不離動靜語默。」若認動靜語默，便是認奴作主。主能使奴，奴豈是主哉？一切抬手動足，言語視聽，千狀萬態，及良久不動，皆是奴僕，非主人也，主人堂上終不得明示於外，然得其用使者則自承當作主人矣。

28. 或問曰：某下三年死工夫，可以脫得輪迴麼？答云：修行之人當立決定志，時時刻刻精進煉心，不預未來，豈敢內存勝心，便望超脫？昔有道人初

出家來，乃大言曰：某覷輪迴小可，著些工夫便是免了。有志下功，不測篤疾纏身，數年不愈，漸消其志。此豈可以勝心為之哉？

29. 或問曰：某於山中獨行獨坐，親見山神報未來事，是真麼？答云：常人之心依著萬塵，蒙昧不明，初機出家，磨煉塵心，偶然得靜，乍見靜境，便生別個景象，神頭鬼面，認是心地，乃自歡喜，歌舞不休，或有自見知未來事者，或空中聞人預報前事及有應驗者，或有親見過去師真神人來到目前付囑心地事者，若有心承認，便是著邪，如不除去，養成心病，無法可療。豈不聞古人云：「見聞覺知亦是病患」，況是眼見耳聞心思底，皆屬聲色境界？豈不聞經云：「視之不可見，聽之不可聞，言之不可及，思之不可至」耶？今已於聲色上認為真，便是落邪道也。昔有道人靜坐中，或覺口中有酒味，又夢見人送酒，明日果有人送酒來，此是心空神應，不為奇特，認之則為著邪宗也。又有道人，坐中忽然神出外遊，數百步復回，乃見本形依然端坐，如是數次，亦不為奇特，乃與平常念頭出外一般，只爭些子分明，若認為功，便是著邪也。俚語有云：「萬般祥瑞不如無，平常安穩卻合道。」

30. 師因眾論智藏開時辭源湧出，乃云：修行之人，初心離境，如鏡乍明，智藏忽開，舉意成章，不可住著。若心印定，不感而用，變成狂慧，則了無功；只是神用，非道體也，不可馳騁以為伎能，但涵養則有功也。

31. 師因人議住山，乃云：修行之人物來要識破，境來要應過，應過一番便同應過一舉。昔有道人住山，草衣木食，誓不下山，以為屏盡塵俗之累。一日，忽有二人各持兵仗來索飲食，先生旋煮山果以待之，未及軟，其一人就釜中手取而嘗，怒而言曰：此等物與人食！便欲搗去釜底。先生初不言，見此二人怒色兼以惡言激切，先生密謀，乃因事出外，探得所藏之棒，手按大呼云：二人出來，爾等未必近得我！二人出門笑曰：先生住山養成如此勝心，不如下山為俗人去。二人遂行，望之忽不見。先生方疑是聖賢校勘，悔之不已。此是境上試不過也。

32. 師因眾議不動心，乃云：昔山東有道人於師傅處自言煉盡無明火，師云：無明火盡則心不動，便是好人。他日師密遣人試之。日暮造門，庵門已閉，其人厲聲，以杖大擊其門，先生內應，聲已不順，勉強開門，來人形狀暴躁，先生見之顏色已動，又至堂上，其人不解履便跳上座，殊無禮貌，先生大怒，深責其人。其人拱手笑云：某非敢如此，師令某來校勘先生不動底心來，今未及試已見矣，不須再勘。其人大慚，無言可對。大抵修行人雖有工夫，豈敢自

矜？不覺時便勘脫。其時實到灰心槁形，則無自誇之念；既自矜誇，便勘脫矣。便直饒到得不動處，向上更有事在。

33. 師因人論居圜守靜事，乃云：昔有道人坐圜有年，一日眾人請出，隨意行止，舊友見而問之曰：師兄向靜處得來底於鬧處可用，未知師兄得到端的不動處也未？其人傲然，良久不言。友人進云：某有試金石，可辨真偽。師兄試說汝數年靜處得來底心，看如何也？其人云：靜處有甚麼可說？友人曰：似恁麼，則披毛戴角還他口債去也。其人忿然大怒，以至出罵。友人笑曰：此是汝圜中得來底也，果試出矣。其人遂怨，終身絕交。此人不曾於境上煉心，雖靜坐百年，終無是處，但似繫馬而止者，解其繩，則奔馳如舊矣。

34. 師嘗云：修行之人，如大匠斫木，先正心墨，然後於偏邪分外處漸加斤斧，就正成材，隨宜使用，不得動著心墨；若失了心墨，則無所取法矣。偏邪削盡，心墨端然，自與他相應，可以成就一切器用也。

35. 師有云：修行人常常心上無事，正正當當，每日時時刻刻體究自己本命元神端的處，明白不昧，與虛空打作一團，如此才是道人底心也。積日累功，自有靈驗。所以見種種作為不如休歇體究自己去。若一向物上用心，因循過日，卻與俗心無異也。

36. 師因眾議住持院門，乃云：修行人住院，須量氣力，運動簡省，輕快過日，不可與世俗一般爭名競利，卻失了當初本心，卻忘了性命大事因緣，此是正理也。若能於此煉磨心地，不肯處肯去，苦處當去，得心安穩不動，接待十方，自利利他，安心積行，功行兩全矣。若不煉心，認物為我，則一向慳貪習性，窄隘罪過尋俗，誤卻前程矣。

37. 師因勸眾住叢林，乃云：丹陽真人有詞云：「學道住叢林，校淺量深，擇其善者作知音」。若是未能明至理、挈領提衿，凡在叢林，遞相指教，提綱挈領，共修無上心地大法門，非小可事。有等無見趣底，不尋知友，不住叢林，漫說雲遊，又不論心地，南去北來，千山萬水，空費草鞋，只尋便宜自在處，觸著磕著又早走也，及要快著自己尋好住處，兼覓因緣，如此出家，不知甚麼是自己緊切處，不知怎生過日？只圖自在便是了也，殊不知前面有底生死決定到來，看汝著甚支吾？豈可因循過日，虛度時光？當初出家圖個甚麼？惺惺君子，細細思之

38. 師因作務人有動心者，乃云：修行人外緣雖假，不可不應，應而無我，心體虛空，事來無礙，則虛空不礙萬事，萬事不礙虛空，如天地間萬象萬物皆

自動作，俱無障礙。若心存我相，事來必對，便有觸撥，急過不得，撞著磕著，便動自心，自心既動，平穩不得，雖作苦終日，勞而無功也。居大眾中，及有作務，專防自心，不可易動，常搜己過，莫管他非，乃是功行。事臨頭上，便要承當，諸境萬塵，不逐他去，自心明瞭，一切莫辨，如此過日，初心不退，自獲大功也。

39. 師云：修行人有一分工夫，便生一分勝心，有十分工夫，便生十分勝心，既有勝心，則有我相，我相勝心作大障礙，如何得到心空境滅也？卻要重添決烈，把自己身心厝在萬物之下，常居人後，自念千萬不如人，然後可以遣卻矜勝之心。心同太虛則無我也，無我則與道相應矣。

40. 師云：修行之人靜中境界甚有多般，皆由自己識神所化，因靜而現，誘引心君，豈不聞古人云：「凡所有相，皆是虛妄。心欲遣識，識神尚在，便化形象，神頭鬼面，惑亂心主；若主不動，見如不見，體同虛空，無處住著，自然消散，無境可魔，無物可壞也。昔有道人，心得休歇，一日坐間，忽見惡鬼無數，乘空而來，其人安定此心，體若虛空，冥然不辨，拼此一身，任生任死，其魔自散，為有主在，寂然不動，豈有魔魅？妄心未盡，故顯此相，體性湛然，則自泯矣。

41. 或問曰：守圜之人，其功如何？答云：昔長春真人在山東時，行至一觀，後有坐圜者。其眾修齋次，有人覆真人言：圜中先生欲與真人語。真人令齋畢相見去。不意間，真人因出外，尋及圜所，以杖大擊其門數聲，圜中先生以為常人，怒而應之，真人便回。齋畢，眾人復請以相見，真人曰：已試過也，此人人我心尚在，未可與語。遂去之。大抵居靜，本為性命事大，收拾固濟，涵養為功，遇境不動，乃是驗也；今此擊門之聲是境，應者是心，心若忘我，如同灰滅，撥之有明，亦無火焰，遇境不動，安詳應過，便是心上有工夫也；今聞些子虛聲便早動心，一切惡境怎生過得？雖居圜中，濟甚麼事？受人供養口債，怎生還得？卻不如向動用境中、物上事上，專一磨煉此心去，卻是個有見趣底人也。

42. 或問曰：修行人有言知覺，又云是病，其旨如何？答云：真知以不知之知，真覺以無覺之覺，元本真靈蒙昧萬劫，今方省悟，乃名為覺，一切知見皆從此生。若言有知有覺，又專欲常知常覺，乃是自纏自縛，無病自灸也。若一向不知不覺，卻一向透入別殼也。既悟本宗，知覺皆是用處，當用即用，不可為常也。

43. 師云：修行之人塵心頓歇，俗慮消亡，孤然顯出自己元本真宗，便是從來先天底主人。自承當得，逍遙自在，種種法界一時透徹。若到此地，才要韜光晦跡，保護涵養，多則功多。若舉意顯揚，則不覺暗損光明矣。

44. 師云：修行之人性有利鈍，性鈍者不可堅執，宜住叢林，低下存心，與達理明心底人結緣，緣熟自然引領入道，漸次開悟。若自性鈍滯，又無見趣，每日常與同類相從，交結塵俗，塵境緣熟，久必退道，或遭魔境，作地獄見，無人救援，一向沉墮，深可痛哉！

45. 師云：昔有住圜者聞人說地面，既入圜中，要見地面，心存此念，隨念應現，不知是假，耳裏聞底屬聲，眼前見底屬色，心上想底屬妄，便見金童玉女真仙聖賢現形，白日親見，亦是虛妄境界，妄念所作，便認是地面，更不可破除，模糊一世，著邪著祟。殊不知地面是古人心行到平穩休歇處，故有此名，如人住處，治平荊棘，掃除瓦礫，其地平整，可以居止，名為地面。修行之人，心地平穩，事觸不動，便是個不動地面；萬塵染他不得，便是個清淨地面；露出自己亙初法身，分分朗朗，承當得底，便是個圓明地面。凡言地面，亦有邊際去處，若到無地位、無方所、絕名言處，乃所謂玄之又玄也，如此豈可以眼見耳聞心想底便謂是了哉

46. 師云：無為者天道也，有為者人道也。無為同天，有為同人，如人擔物，兩頭俱在則停穩，脫卻一頭即偏也。若兩頭俱脫去，和擔子也無，卻到本來處

47. 師云：昔東堂下遇雨，知事人普請不擇老幼搬坯，眾皆競應，唯一老仙安坐不出。事畢，大眾團坐，有言於長春真人者，真人呵之云：坯盡壞，值幾何？一人煉心，端的到休歇處，如寶珠無價。且量各人心地用事去！大抵教門中以得人為貴也。

48. 師云：昔長春真人堂下有當廚者，眾皆許其柔和低下，未嘗動心。真人知之，密令人試，早晨於廚中所用雜物移之他處。其人造粥漬米及釜，急求匕杓不得，以至溢出，乃大動心。真人見之，教云：直饒溢盡，只是外物，何消壞心？其人方省，禮謝不已。

49. 或有醫者問云：某行醫道，死者救活百餘人，其果如何？答云：直饒救盡天下人，亦不如救自己生死去。世間福報有盡限，自己修煉到無生死處，此福無限量。

50. 或有匠人問云：某修大殿，不徵工價，如此誠心，合有何果？答云：

不如清靜人默坐一時辰，蓋有為之福有壞，無為之福無壞。

51. 師示眾云：人生於世，所為所作，無不報應，謂如體道者得道，作福者得福，作孽者得孽，愛人者人愛之，惡人者人惡之，敬人者人敬之，慢人者人慢之，低下者人下之，信人者人信之，利人者人利之，害人者人害之，自高者人抑之，欲先則人爭之，自強則人敵之，故云：「種蘭得香，種粟得糧」，皆報應之理也。若存利心，矯詐為之，以取人心，則失真矣。

52. 師云：修行之人，大忌說人長短是非及人間興廢，一切世事，非干己者，口不可論，心不可思，但說是非，便昧了自己。若專煉心，常搜己過，那得工夫管他家屋底事？但凡為人，總有好處，宜相仿傚，他人惡處，自當迴避，更莫關心，漸到休歇也。

53. 師示眾云：修行之人，鄉中便了道也休住，酒肉食了飛昇也休用，眷屬便是神仙也休戀，眾人愛底休愛，人都非底莫非，自己渾是莫認，睡裏得道也休睡，不是好伴休合，無益之言休說，遇事成時莫喜，遇事壞時莫憂，勝如己者學之，不如己者教之，人虧己者福也，己虧人者禍也，言過行者虛也，行勝言者實也，有欲情者人事也，無塵心者仙道也，肯低下者高也，肯貧窮者富也，返常合道，順理合人，正道宜行，邪門莫入，通道明德，體用圓成，是謂全真也。

54. 師云：古人學道，心若未通，不遠千里求師參問，倘若針芥相投，心地明白，更無疑慮，然後或居圜堵，或寄林泉，或乞市中，或立宮觀，安心守道，更無變壞，此修真之上士也。有一等出家，性又不明，更懶參問，心高好勝，自執己是，詐裝高道，虧功失行，兩下落空，駭人供養，不思己德如何消受？如此之人，住圜也不是，乞食也不是，生死到來，都不中用，蓋不肯於根蒂上下工夫也，直至百年，無有是處。

55. 師云：修行之人收拾自心，如一尊木雕聖像坐於堂中，雖終日無人亦如此，幡蓋簇擁亦如此，香花供養亦如此，往來毀謗亦如此，惟比木像通靈通神，活潑潑地，明道明德，一切事上物上卻不住著也。

56. 師云：道人煉心如鑄金作雞，形象雖與雞一般，而心常不動，獨立於雞群，雞雖好鬥，無有敢近傍者。體道之人心若寒灰，形如槁木，天下之人雖有好爭者，則不能與爭矣。故經云：「夫惟不爭，故天下莫能與之爭。

57. 師云：這個有體用、沒爾我、正正當當底真心，自從亙古未有天地以前稟受得來，不可道有，不可道無；古今聖賢，天下老道，人皆得此，然後受

用；千經萬論乃至一大藏經，只是說這些子；上天也由這個，入地也由這個，乃至天地萬物、虛空無盡際，亦是這個消息主宰。會得底，不被一切物境引將去，不被一切念慮搬弄，不被六根瞞過，這個便是神仙底日用，便是聖賢底行蹤，便是前程道子也。

58. 師云：凡住叢林，雲集方來，豈得人人一等，個個同條？喻如大山，草木畢備，有不材者，有成材者，有特立者，有依附者，也有靈苗瑞草，也有荒榛荊棘，種種不同，隨性任運，自有次第，山體巍然，原無揀擇，一一含攝；流水積石，茂林豐草，獸走禽鳴，盡是神通妙用，彼各相資，如蓬在麻，不扶自直，天長地久，各得成就。若欲截長續短，變青作黃，豈惟各不得安，抑亦失其本性也

59. 師云：往昔在山東住持時，終日杜門，不接人事，十有餘年，以靜為心，全無功行，向沒人處獨坐，無人觸著。不遇境，不遇物，此心如何見得成壞？便是空過時光，若天不利物則四時不行，地不利物則萬物不生，不能自利利他，有何功德？故長春真人云：「動則安人利物」，蓋與天地之道相合也

60. 師云：修行之人若玄關不通，心地不明，則其業識不能無為者，蓋為無福德故也，乃當於有為處、教門中隨分用功，接待方來，低下存心，恭敬師友，常行方便，屏去私邪，久久緣熟，日進一日，自有透得處，不勝如兩頭空擔？不能無為，不能有為，因循度日，無功無行，穩處著腳，甜處著口，閒管世事，鬧處出頭，恣縱身心，不懼神明，打算有日，豈不聞長春真人云：「心地下功，全拋世事，教門用力，大起塵勞。」又無心地工夫，又不教門用力，因循過日，請自思之，是何人也？

61. 師云：因緣有數，非由人力，必順自然，安以待命（待教門開）。內功外行，全在自心，自能著力，自己有功，行與不行，各各自得。教門不開，須當隱伏，心與天通；教門既開，外功亦應，合天應人。功不厭多，行不厭廣，但在此心堅固，乃可成就耳。

62. 師云：道無不在，頭頭皆是，色色俱真，惟在自己臨時驅用，更別有甚麼事？奈人心塵緣障重，不解根源，摘葉尋枝，隨波逐浪，回機者少，迷執者多。縱有鑽研，不求真實，紐捏做造，見神見鬼，頭上安頭，顛回到顧，不悟幻身有限，光景難留，一息不來，如之何也？

63. 師云：凡日用者，心無雜念，意不外遊，放而不逸，制而不拘，明心識法，去智離空，十二時中，念念現前。若滯（滯，停止於的意思）現前，亦

非其理，若離現前，無有是處會動靜，知去來，般般放下，無掛無礙，便是個逍遙自在底人也。但說皆非，自當消息。

64. 師云：天地者，萬物之父母也。天無不蓋，地無不載，豈分別這個好、那個惡？一般蓋載，一般臨照。故凡在上者，乃是天命教在上，當似天一般蓋覆，安養存恤一切在下底人，不可分我尊爾卑；凡在人之下者，亦是天命分定在下，當似地一般承奉於天，敬仰聽從在上之人，不可絲毫怠慢。既在天地之間，必須合天地之道也，不然則分外妄作，有凶禍刑罰也。

65. 師云：修行人本宗上無虧，行業（佛教用語。）上用意，物境上速過去，人事裏不住著，邪念不起，纖毫不立，微塵不染，晃朗虛明，不著空，不著有，不執法相，不執我見，兼眾人之光明，久久相資，融通表裏，便是聖賢地位，更有甚可疑也？

66. 師云：修行之人，行藏任分，取捨隨宜，低下為心，中正為則，審動靜之源，節視聽之用，萬緣齊斷，一志真常，永劫綿綿，乃無變壞也。

67. 師云：道人日用，體天法地，常清常靜，明而不昧，濟物利生，雖混於萬塵諸境之間，真源湛寂，無有間斷，自得出離生死結縛，此是一段大事因緣。奈何不悟之人，中無主宰，欲情攻於內，根塵誘於外，不得自由，四生從此而輪迴，六道因茲而走作，換卻頭皮，難同今日也。

68. 師云：夫為道者，抱樸含淳，潛通默運，除情去欲，損損存存，於物無私，作事明白，曲己從人，修仁蘊德，絲毫之過必除，細微之功必積，是非俱泯，心法兩忘，向上之機自然達矣。

69. 師云：修行之人當本出家，本為此性命事大，歲久不覺，為物所移，卻學口頭伎倆，百種所能，只是為奴作婢之事。何以知之？但凡伎藝，必欲人前呈，似此不是為人所役也，豈是清淨無為主人之事？所以道：「智者不為智者所用，而愚者用之；巧者不為巧者所使，而拙者使之。」謂如辯者說之，默者聽之，仔細詳之，孰忙孰閒？凡欲修行，心地明白，而守愚拙，則天下之智巧者皆為之使用矣

70. 師云：向上師真所傳要妙，行事之際密符天意，豈可執一端便為道哉？以跡觀之，古人用處各各不同，妙本靈源未嘗有異，喻如人心之用，在目為見，在耳為聞，在口為言，在心為思，在手為拈，在足為行，所用不同，心體無別。況今師真密旨，所謂教外別傳，言思路絕，悟者自得，乃是真師密傳之妙也。

71. 師云：吾道密傳，不可以有心求，不可以無心得，以不知而知，以無

得而得。世之惑者，以服色求道，以言說求道，以威儀求道，以法相求道，俱不得其大全。殊不知道無蹤跡，以跡求之非道也。復究此跡自何而來？知其所從來，則有非聲色、非做造、非威儀、非法相者存於中，蓋不可以知知、以識識也。只是這個本分圓成、真真實實、合天地、合聖賢、合鬼神、合萬物、如此一大事因緣，豈容塵垢聲聞蹤跡而能見之哉？

72. 丹陽真人云：「真樂真閒無議論，至微至妙絕商量。」沒商量處卻近也。

73. 師云：出家人久居叢林，朝夕訓誨，朝夕磨煉，尚且乖疏，因循不進，道心漸減，塵事日增，放蕩猖狂，不能虛靜，況在俗中孤行獨立，塵情荏苒，愛境牽纏，障道因緣頭頭皆是，不自知覺，雖遇聖賢，不能勸化，百端紐捏，誑惑閭閻，迤邐沉淪，福消業長，漸漬深重；若肯回頭，猶能救得；合塵背道，無可奈何，地獄不遠矣。

74. 師云：學道之人不厭參問，如人行路，勤問則不迷。人間小伎無師則不得，況茲大道視之不見、聽之不聞？初機不遇，憑何了悟？苦中之大，莫過生死，不親近至人，如何免得？故云：「古人學道非草草，侍奉真師直到老。」若不知下手去處，又不親近達人，雖有志行持，千差萬錯。

75. 師云：自來學道之人，必須苦己利他，暗積功行。若復縱心，非理行事，不惟有辱教門，抑亦自招殃咎。為身為口，不清不儉，與俗無異，如此受用十方汗血之物，未是便宜，樂中受了，苦裏還他，生死到頭，更無支吾。既居門下，何不煉心？

76. 或問曰：學道之人終夜不寐，其旨如何？答云：學人不寐，本以煉心為事。若不收心，濟甚麼事？至如賭博弈棋、織紡羅磨之人夜夜不睡，則盡是得道底人耶？此等之人，十二時中，利心誘引，只是貪財，攪擾心靈，如蚊虻咂膚，故不得眠。修行之人不同於此，睡是一欲，若不換過，滋長邪妄，暗昧不通，蓋屬陰界，如人防盜，端然坐待，其盜自退；專以煉心，恐致流蕩，謂此一心本無定體，在陽則明，在陰則暗，熟境不存，無為清靜，性珠明瞭，此所以晝夜不寐也。

77. 或問曰：學道之人甘受貧寒，其理安在？答云：若但認貧苦飢寒為是，則街頭貧子艱難之人盡是神仙也。蓋修行之人以道德為心，以清淨為念，削除詐偽，貪求妄作一時遣盡，忘形忘我，身外之物未嘗用心，故有云：「遮皮蓋肉衣，更選甚好弱？填腸塞肚飯，更擇甚精粗？」唯究生死，煉心為事，故不

念形骸之苦也。

78. 或問曰：未來罪福還有也無？答云：未來且莫論，據現在言之。汝發一心，欲於聖前焚香禮拜，以手拈香，其心發願云：願家眷平安，增福添壽。此不是作善底心，便望得福，雖得福亦不知。蓋修善者明修而暗報，故未嘗有知者。若汝發一惡念，持刀殺人，才舉此心，便承當償命，此必不可於分明至公處作得，伺其暗昧不測中造下，不久敗露，便當償命。此不是望罪得罪，此罪明知，蓋作惡者暗作而明報。此則現在人為，必然分明之事，況天伺察人所不知者，何方逃之？不可不戒。

79. 或問曰：天堂地獄，從來有說，還真實否？答云：天堂者陽界，主善主福，地獄者陰界，主惡主禍。古人立教，天堂地獄出自人心，心行所為，冥然相應，謂如常清常靜，利益一切，諸善奉行，明白不昧，便屬陽界；種種諸惡，坑陷不平，旁生邪道，便屬陰界，無明黑暗，逐旋增長，滓穢塵垢皆屬黑簿，人神不容，心君懊惱，眾苦交煎，無人救援，便是地獄。古人云：「心清意靜天堂之路，心慌意亂地獄之門。」喻如有一山路，聞人傳說有殺人賊，邀截行路，往往害人；若心信從，退步不行，後必無害，若心不信，酩酊前行，及至山中，無事則已，若實有賊，即落奸徒之便，悔之何及？地獄之說，亦如此義。大抵為惡不如作善，善縱無報，有何罪過？惡道強行，凶禍及矣。目前明白，尚無改悔，何況幽冥豈得預知？

80. 或問曰：有云向上一事人人俱足，更鍛鍊作甚麼？答云：凡心未煉，喻如石礦中有白金，未經鍛鍊，只是頑石。置之大冶洪爐，煉去滓穢，分出真物，既已成金，不復為礦。修行之人亦復如此，將從來蒙昧染著之心，便同頑礦，以志節為大冶，以慧照為工匠，殷勤鍛鍊，一毫不存，煉出自己本初無礙底真心。既已成真，不復為假，當自保護，堅固收藏，自得受用，此便是亙古圓明底無價寶珠也。

81. 或問曰：若到清淨無為處，是徹也未？答云：此以體言，似是而非也。至於端的處，則不可言，不可思，不可以知知，不可以識識，妙絕名言，方始相應，不即動靜，不離動靜，豈可以無為清靜而定之哉？

82. 或問曰：昔聞丹陽師父以悟死而了道速，其旨如何？答云：修行人當觀此身如一死囚，牽挽入市，步步近死，以死為念，事事割棄，雖有聲色境物紛華周匝圍繞，目無所見，耳無所聞，念念盡忘，此身亦捨，何況其他？以此煉心，故見功疾，死中得活，不生不死。學道初機，救護生死，當作是念。人

生頃刻，一息不來，便是死地。緊切用心，勤修精進，遣盡凡心，自利利他，遞相救拔，不可因循也。

83. 或問曰：心無染著，放曠任緣，合道也未？答云：起心無著，便是有著，有心無染，亦著無染，才欲靜定，已墮意根，縱任依他，亦成邪見。無染無著，等是醫藥，無病藥除，病去藥存，終成藥病。言思路絕，方始到家，罷問程途矣。

84. 師云：道無言說，惟指善惡，善則成就無上出世因緣，有天堂無地獄，惡則墮落無邊苦趣，有地獄無天堂。分此二途，蓋因迷悟，悟則剎那成聖，迷則永劫沉淪。幸得人身，寧不思之？

85. 師云：凡聖同途，只因明昧，明之則為聖，昧之則為凡，凡人之心，不肯剗情去執，棄妄除邪，逐境遷流，隨情宛轉，取一時之樂，積萬劫之殃，不省不思，莫悟莫覺。

86. 師云：修行人先要明自己本分事，次要通教化。若本宗不通，如人無目，不分道路，舉足差訛；若教化不明，如人有目而坐黑暗中，則有偏執我見。須要俱通，方得圓應；若俱不通，如大暗中坐而又無目，何時得出也？

87. 或問曰：道家常論金丹，如何即是？答云：本來真性即是也，以其快利剛明，變化融液，故曰金；曾經鍛煉，圓成具足，萬劫不壞，故名丹。體若虛空，表裏瑩徹，一毫不掛，一塵不染，輝輝晃晃，照應無方。故師祖云：「本來真性號金丹，四假為爐煉作團，不染不思除妄想，自然滾出赴仙壇。」世之人有言金丹於有形象處作造，及關情慾，此地獄之見，乃淫邪之所為，見乖人道，入旁生之趣矣。

88. 師云：學道之人，於萬事不干處，諸塵不染處，與天地相通處，向這裡體究徹，則「先天而天弗違，後天而奉天時，天且弗違，而況於人乎？況於鬼神乎？

89. 或問曰：如何是玄妙？答云：誰教汝作此問？其人拱手云：弟子自出意來。答云：恁麼，則汝自會也。其人笑而稽首。

90. 或問曰：已往者不追，未來者不預，現在當如何？答云：滅動不滅照，更要會得這個滅動底是誰？得則權柄在手，滅也由汝，不滅也由汝。

91. 或問曰：未來過去心則不問，如何是現在心？師正視云：此不是現在。復低頭云：此不是現在。反問云：汝會得也未？其人笑云：會不得。師復云：大開著眼，一個現在也不會，更說甚過去未來？

92. 或問曰：如何是禍福？答云：積木成林，積石成山，積水成海，積善成福，積惡成禍，禍福之源，本自一心（，積之方成（積累功行）。可不慎之？

93. 或問曰：如何是善惡？答云：一切好心皆為善，一切不平心皆為惡，人不知之善為大善，人不知之惡為大惡，善惡都不思處，別有向上事在。

94. 或問曰：常人亦有病，道人亦有病，如何是別處？答云：昔者丹陽師有疾而醫者不能診其脈，壺丘子端坐而相者不能得其真，何也？心不在物則造化不能移，性不離宗則鬼神莫能測，況醫卜之凡乎？此與常人異也。

95. 師云：修行之人正眼不開，圓機不發，但向別人蹤跡上尋覓，言句上裁度，終無是處，喻如無眼人，雖聞人說日月之光，終不自見，只是想像，蓋不曾向自己心上下工夫也

96. 或問曰：動靜境中，如何即是？答曰：自心清靜，雖有稠人鬧市冗攘之間，不干己事，從他擾擾，卻同靜室中，百無所有。若在圜堵靜室，無人鄉里，一似十字街頭，對聖對真，不敢起絲毫妄念，如此則在動境裏也不礙，靜境內也不礙，更有甚分外惑人之事？

97. 或問曰：既言和光同塵，卻道不著事，如何？答云：天是天，地是地，山是山，水是水，物是物，我是我，雖與混同，如何相著得。

98. 或問曰：萬形萬狀，各各不同，怎生一體同觀得？答云：天是道，地是道，萬物皆是道，彼亦是道，此亦是道，形象雖殊，道無不在，如何不同得？

99. 或問曰：人皆取樂，道人就苦，何也？答云：世人不知真樂，以心肯處為樂，被欲心引在苦處，便認苦為樂，每日用心計度，專求世樂，不得則憂苦攪擾，心靈永無自在，是謂大苦。學道之人不求世樂，心存大道，遇苦不苦，無苦則常樂，心得自在。凡有樂則有苦，無樂則無苦。心無苦樂，乃所謂真樂也。

100. 或問曰：如何出得罪福因果？答云：罪福因果屬陰陽之殼，若汝出得陰陽之殼，則無罪福因果也。如何是陰陽殼？但凡心上起一毫頭許私邪利欲惡念，便屬陰殼，有一毫頭許善念，便屬陽殼，在陰則有惡報，在陽則有善報。若曾煉心，體如虛空，亦無善亦無惡，無絲毫掛礙處，作主得，則禍福著他不得，因果挽他不著，便是個出陰陽殼底人也。在家之人，未曾有一善念在心，十二時中只是圖財圖利，汝死我活，坑人陷人，一片無明黑暗業心，則墮在陰陽殼內，陽道上也去不得，怎生出得陰陽殼？便待要無罪福，無因果，不亦難乎？汝自造下，怎生避得？所以低頭合眼，教他閻老理會去也。

101. 或問曰：未來託生之事，端的如何？答云：人生一世，隨情自造，成個來世底模子，作善底造下個善模子，作惡底造下個惡模子，以至盡此報身，一性離卻這個殼子，如故鐵鎔成金汁，被造物者傾在自造底模子內，或為人，或為旁生，自作自受去也。造物者豈有心教汝為旁生，豈有心教汝為六道？是汝一生自造底殼子落在其中，逃避不得。先有此性，便有此物，謂如狠毒者為蛇，慳吝者為犬，淫殺者為豕，貪暴者為狼，大概皆類此。天地之間，萬形萬狀，不可言盡，皆自作自受。故古人云：「同於金石，化為金石，同於水火，化為水火。」其言信也。瞬息之間，一失人身，萬劫不復。何不思之？

102. 或問曰：某今老邁，不能多學，乞師向無上極玄極妙處說一句。答云：把汝這個求無上極玄極妙底去了，則便是也。

103. 或問曰：天下立教，各說異端，自是非他邪正，未知誰是？答云：此有兩端，有修煉者，有應世者。修煉此心如天地一般清靜，日月一般明白，四時一般運化，能應其事，能歸其根，更莫問向上如何，只此便是正道之作用也，惟修煉者能之。若口頭念誦得，如法身上裝束得，作相一個個堪看，使人人見喜，此是教門中應世底枝梢花葉，幹甚修煉事？幹甚正道事？此是權時使用。況兼心上爭人爭我，爭財爭利，心與俗人一般，怎生道得我是正教也？明目者識之。